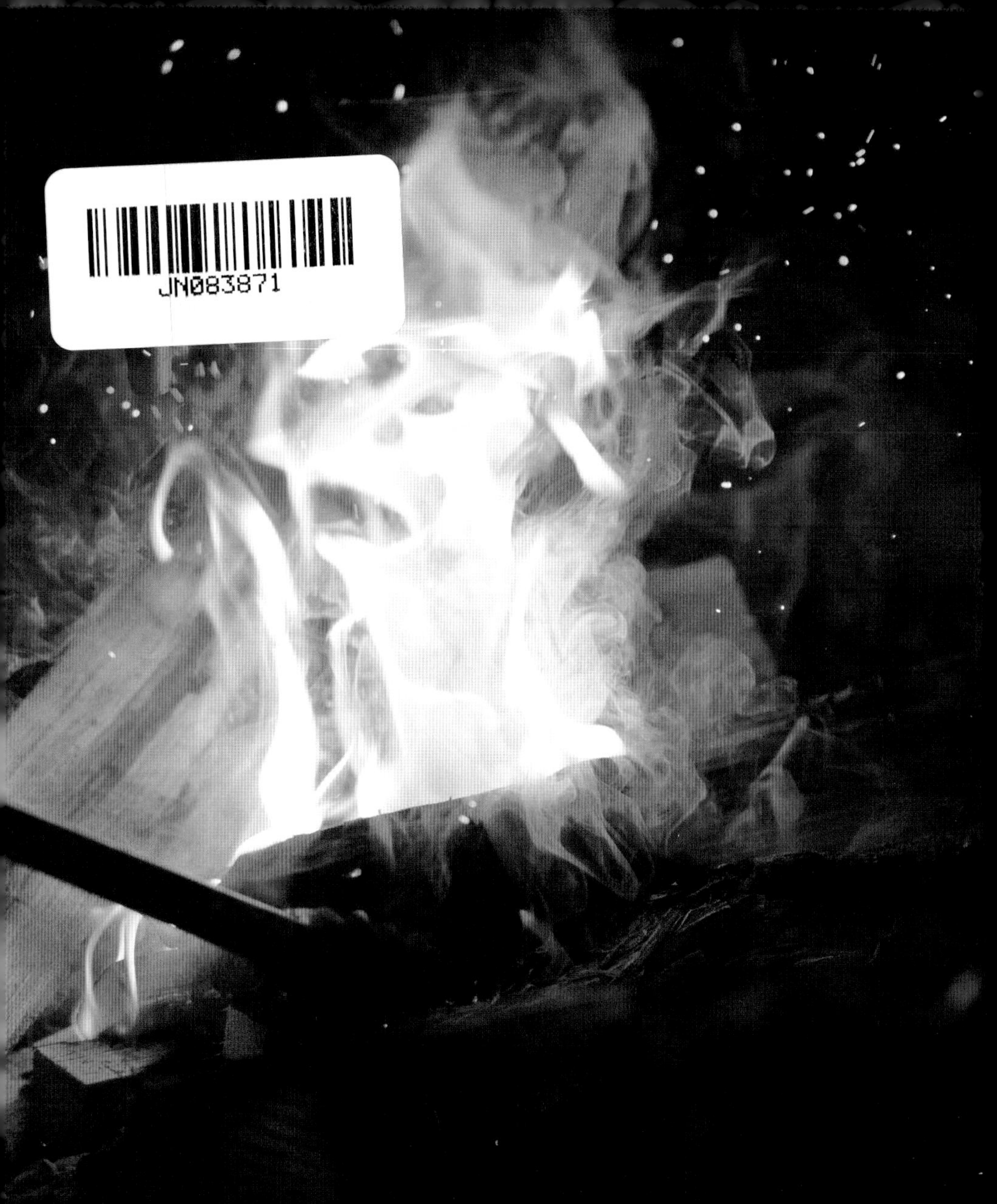

焚き火料理の本

小雀陣二

はじめに

焚き火で料理をする魅力とは、火を操り料理を仕上げるおもしろさ、木の燃える香りやほどよい焦げ味を生かすことだと感じています。焚き火を楽しみながら作ることができる料理を考えていたことが、この本を作るきっかけになりました。

焚き火を生かし、どのようなレシピを作るか、とても悩みました。キャンプには時間の制約があり、実は忙しいものです。そこで、誰もが作ってみたいと思えるような手軽で簡単な料理を考えてみました。

本書では、キャンプ場を利用することを考慮し、焚き火台を使用したレシピを中心に紹介しています。また、直火で焼く料理だけでなく、ダッチオーブンやスキレット、ホットサンドメーカーも使っています。それらは、ツーバーナーや自宅の台所でも作ることができるメニューです。

焚き火料理の本ではありますが、手に取った方々にとってキャンプや日常の料理のアイディアになれば嬉しいです。

小雀陣二

Contents

Chapter 03

米、パン、麺

Chapter 04

野菜&果物

分量の表記について

小さじ1＝5㎖
大さじ1＝15㎖
1カップ＝200㎖
少々＝親指と人差し指でつまんだ量
適量＝味をみながらちょうど良い量
適宜＝お好みで入れても入れなくても
野菜と魚介類は、洗う、剥くなどの下ごしらえを済ませている前提での手順を記載しています

調理時間について

屋外で焚き火で作る料理は、気温や風、火力によって調理時間が大きく異なります。記載している調理時間は、あくまで目安としてお考えください

火加減

焚き火料理に最適な火加減とは、「熾火《おきび》」の状態。

熾火とは、薪が燃え切って炭のようになった状態を指す。こうなれば、火力が安定して調理をしやすい。炎や煙が上がるうちは火力が強すぎる証しだ。


当ページの写真のサイクルが基本的な焚き火の流れとなる。ひとつ料理を作るたびに薪を足して熾火を作り、上の状態に戻してから次を作り始めるとよい。

慣れるまでは火を自在に操るのは難しい。しかし、火をいじることも焚き火料理ならではの楽しみなので、繰り返し練習してマスターしてほしい。

中火の熾火が基本

この状態が火加減の基本。本書のレシピの7、8割は、この火加減で調理している。さっとグリルしたり、煮込みにもちょうどいい。焦げたり、沸かなかったりするなら、この火力を基準に強くしたり弱くしたり、と調整する。

理想的な状態

じっくり遠火向き

焦げやすいものは弱火で

さらに燃え進み、火が落ち着いた弱火の状態。火が強いと熱が入らないうちに焦げてしまう魚や厚みのある肉を、じっくりと焼くのに向く。時間をかけ過ぎるとパサついてしまうので、水分が少ない食材には向かない。

米を炊くなら強火から始める

炎がメラメラと出ている薪と、ちょうどいい熾火とのハイブリッド。火加減でいうと強火の状態。米を炊く時や汁物を一気に温めたい時は、このくらいの火加減から始める。直火で食材を焼くには、まだ火力が強過ぎる。

もうちょっと待つと…

焦らない。焦らない

この状態での料理はNG

太い薪に燃え移ったら、いじらずにしばし待つ。炎が上がっているうちは不安定なので調理には向かない。熾火の量を増やしたい場合は、ここでさらに薪を足す。待っている間に次の料理の準備を進めておくとスマートだ。

あおいで火をつけよう

薪を追加するタイミング

右の写真より少し火が落ちてきたら、料理は一旦お休みして薪を足すタイミング。火種がなくなると火力を戻すのに時間がかかるので、火を絶やさぬよう。まず燃えやすい細い薪を足して、太い薪をその脇にくべると良い。

太めを選ぶ

これより小さくなったら…

調理法

焚き火で調理法を大別すると、食材を直火で焼くか、ダッチオーブンなどの道具を使うかの2つに分けられる。

直火で食材を焼く調理法は、焚き火ならではの焦げ目や香りをつけられることが最大のメリット。食材の水分が飛んで味の濃度が高まるので、個々の食材の旨味を味わう料理に向いている。

一方、後者のメリットは手軽さにある。まんべんなく火が入り、焦がすリスクが小さい。また、食材から滲み出た旨味を逃さないので、複数の旨味を融合させるような料理に向く。

料理や食材に合わせて調理法を使い分けられるようになると、焚き火料理は一段と楽しくなる。

焦げないよう
弱〜中火が
基本

グリル
（網焼き）

焚き火の上に網を置き、直火で焼く調理法。いわゆる網焼きである。火加減は焦げづらい弱〜中火の熾火が理想で、熱源から15㎝ほど離れた位置に焼き網をセットする。熾火を食材の下に集めたり広げたりすることで、火力を調整しよう。慌ただしくひっくり返さず、片面をしっかり焼いてから裏返すのがコツ。

ささっと
仕上げるのが
コツ

ロースト

ダッチオーブンやスキレットに食材を入れて上下から熱を伝える、オーブンのような調理法。中は食材自体の水分で蒸し焼き状態になる。パリッと仕上げたい時は肉のみで焼き、しっとり仕上げたい時は野菜や水分を足す。大きめの食材にしっかり火を入れたい料理や、旨味を逃したくない料理に向いている。

上火は
強めに

直置きグリル

これぞ焚き火料理ならでは。食材の表面に焦げ目をさっとつけて、香ばしく仕上げるための手法。炎が落ち着いて、ある程度の塊になっている薪を選んで食材をのせる。多少灰がついても気にせず、スパイスだと考えよう。ジャガイモやバゲットなど表面が乾いた食材は焼きやすく、水分を多く含む食材（葉物など）は難度が高い。

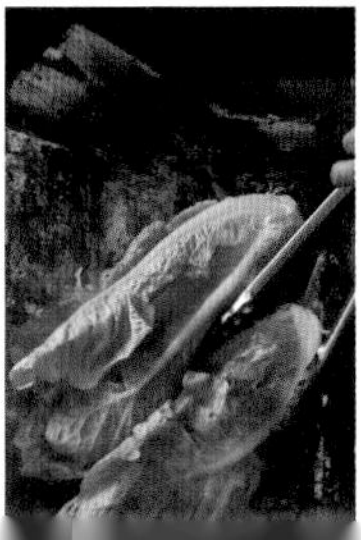

ソテー

スキレットやダッチオーブンを使い、オイルで食材を炒めたり、表面に焦げ目をつけたい時に使う。焼きつけることで食材の表面がコーティングされて旨味を閉じ込める効果もあるので、塊肉を煮込む前に使う方法も本書では紹介する。油分やソースを食材全体にまんべんなく絡めたり、複数の旨味を融合させて相乗効果を狙いたい料理に効果的。

中～強火で
温度を
上げましょう

上火を
使うのも手

吊るし焼き

焚き火の上に肉を吊るして焼く、原始的だが絵になる手法。料理の味は見た目に左右されることが多々ある。この焼き方は、まさにワイルド感溢れるエンターテイメント的楽しさも演出できる。ほどよく脂分を落としながらじっくりと火を通せるうえに、スモーキーな燻製風味がプラスされる利点もある。

遠火で
じっくり

ホイル焼き

BBQ料理では、とてもスタンダードに使われている焼き方。アルミホイルで包むと食材に直接火が当たらず、蒸し焼き効果で中まで熱をじっくり加えられる。旨味を閉じ込めるので、肉や魚介の旨味を生かした料理に使うと効果的。ポイントは厚手のホイルを選び、熱が全体にまんべんなく伝わるよう心がけること。

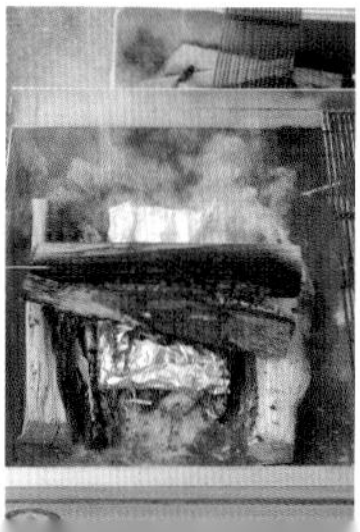

ホットサンド

ホットサンドイッチを作るために生まれた道具だが、2つの小型フライパンで食材を挟んで焼き上げる構造なので、フライパンのように使うことも可能。分離できるタイプならば、使える料理の幅が広がる。

ソテーも
できる

沸いたら
弱〜中火

煮込み

食材を煮込む利点は、旨味が渾然一体となって仕上がること。煮込み始めると、それぞれの食材から旨味が染み出し、混ざり合ってから食材に戻っていくのだ。仕込み終えれば、あとはある程度放っておくことができるのも利点。水分がなくなると急激に焦げ始めるので、火加減に慣れないうちはマメなチェックをお忘れなく。

沸くまでは
強火

杉板焼き

水に浸しておいた杉板に食材をのせて焼くことで、火を通しながら杉の香りを食材に移すことができる高度な調理法。本書ではサーモンと味噌を焼くレシピを紹介したが、他の魚や肉などにもぜひ使ってみてもらいたい。

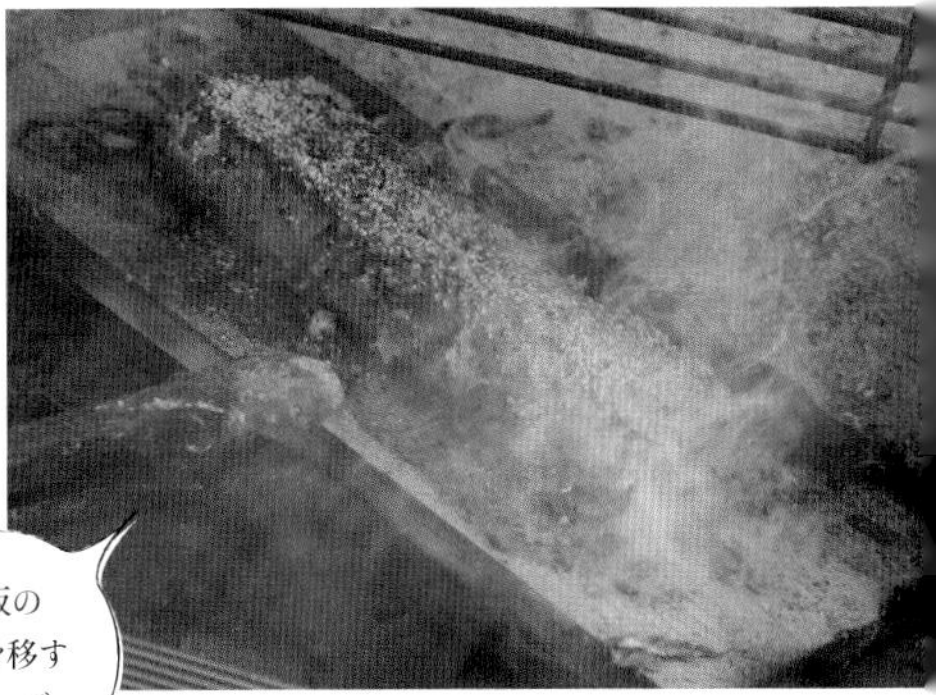
杉板の
香りを移す
イメージ

炊飯

難しいと思われがちだが、火を上手に操れば、バーナーを使うよりも美味しく米を炊き上げることができる。鍋全体に熱が当たるように火床を調整すると、ムラなく仕上がる。多少、お焦げができるくらいが美味しい。

強火で
沸かして
弱火で蒸らす

調理道具

近年は自由に地面で火を焚ける場所は少ないため、本書では焚き火台をはじめとする道具を使うことを前提にレシピを紹介している。これまでの焚き火料理の経験を踏まえて、実用性の高い道具を選りすぐってみた。

経験を生かして工夫をすれば、最低限の道具だけでも美味しい料理は作れる。しかし、特に慣れないうちはある程度道具に頼った方が、料理の成功率がグッと高まる。他にも便利な道具はいくらでもあるが、まずはここで選んだ各ジャンルの道具を1つずつ揃えれば、大抵の料理は作れるだろう。

個人的な好みもあるので、多少の偏りがあることはお許しいただきたい。

焚き火台

火床がフラットな
大型が使いやすい

焚き火台は料理の成否を左右する最重要ギア。とにかく調理がしやすいかどうかにフォーカスして選びたい。鍋が2つ置けるくらいの大きさがあり、薪がくべやすいフラットな火床のものが使いやすい。補完的条件として、風を防ぎつつ熱を反射して逃さない形状だとベストだ。

小～中型は工夫が必要

このサイズは焚き火を主目的として設計されている。料理に使うには、薪のくべ方や鍋の位置などを工夫する必要がある。焚き火のついでに1、2品作る程度なら、この大きさでも十分だろう。

煮込みから
ローストまで

ダッチオーブン

重いことを除けば、あると便利。これさえあれば、作れる焚き火料理がかなり増える。安価な鋳鉄製は錆びやすいが、使い込めば扱いやすくなる。洗剤で洗えてメンテが楽なステンレス製は、高価だが落としても割れず、初心者にもおすすめしたい。サイズは8か10インチの使い勝手がいい。

厚手のタイプを探そう

アルミホイル

台所で見慣れたブランドのものではなく、厚みがあって破れにくいタイプが使いやすい。汁気のあるものや大きい具材を包む時は2枚重ねにするといい。

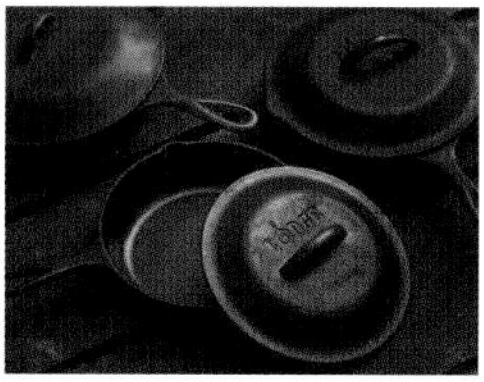

蓋付きが重宝する

スキレット

厚みがある鋳鉄製フライパンのこと。蓋の上に薪をのせてローストもできるなど用途が幅広く、かなり重宝する。自宅でも使えるので一家に一台どうぞ。

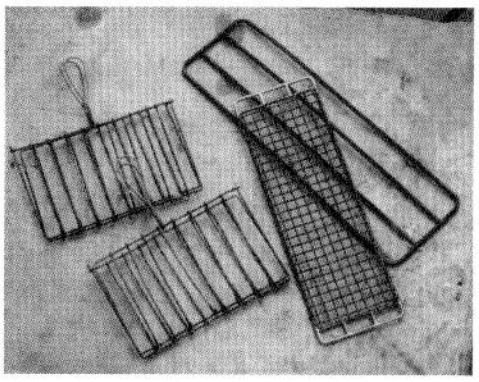

シンプルな構造イズベスト

グリドル・網

グリドルとは、焚き火台や直火の上に鍋を置く時にゴトクとして活躍する道具。同様にゴトクにもなる縦長の網や、食材を挟むタイプの焼き網もあると便利だ。

柄の長さと素材で選ぼう

ホットサンドメーカー

2枚のパンに好きな具材を挟んで火にかければ、ホカホカのサンドイッチがすぐに作れる。柄が長く、上下の鉄板を外して使える分離タイプがおすすめ。

アメリカンBBQの定番ギア

ベジタブルバスケット

野菜を焼くための籠状の網。海外ではスーパーにも並ぶほどメジャーな道具で、網で焼くよりしっとりと焼き上がる。なかなか手に入らないけど探してみて。

吊るし焼きには必須

ハンガー

焚き火台と併用し、鍋をぶら下げて使う。本書では肉を吊るして炙り焼きにした。ダッチオーブンは焚き火に直置きにするより、吊るす方が火力調節がしやすい。

肉

塊肉を豪快に焼くだけが
焚き火料理ではありません。
調理法を工夫してみましょう。
網で焼けば適度に脂が
落とせますし、煮込めば
脂の旨味が生かせます。

Chapter 01 : Meat

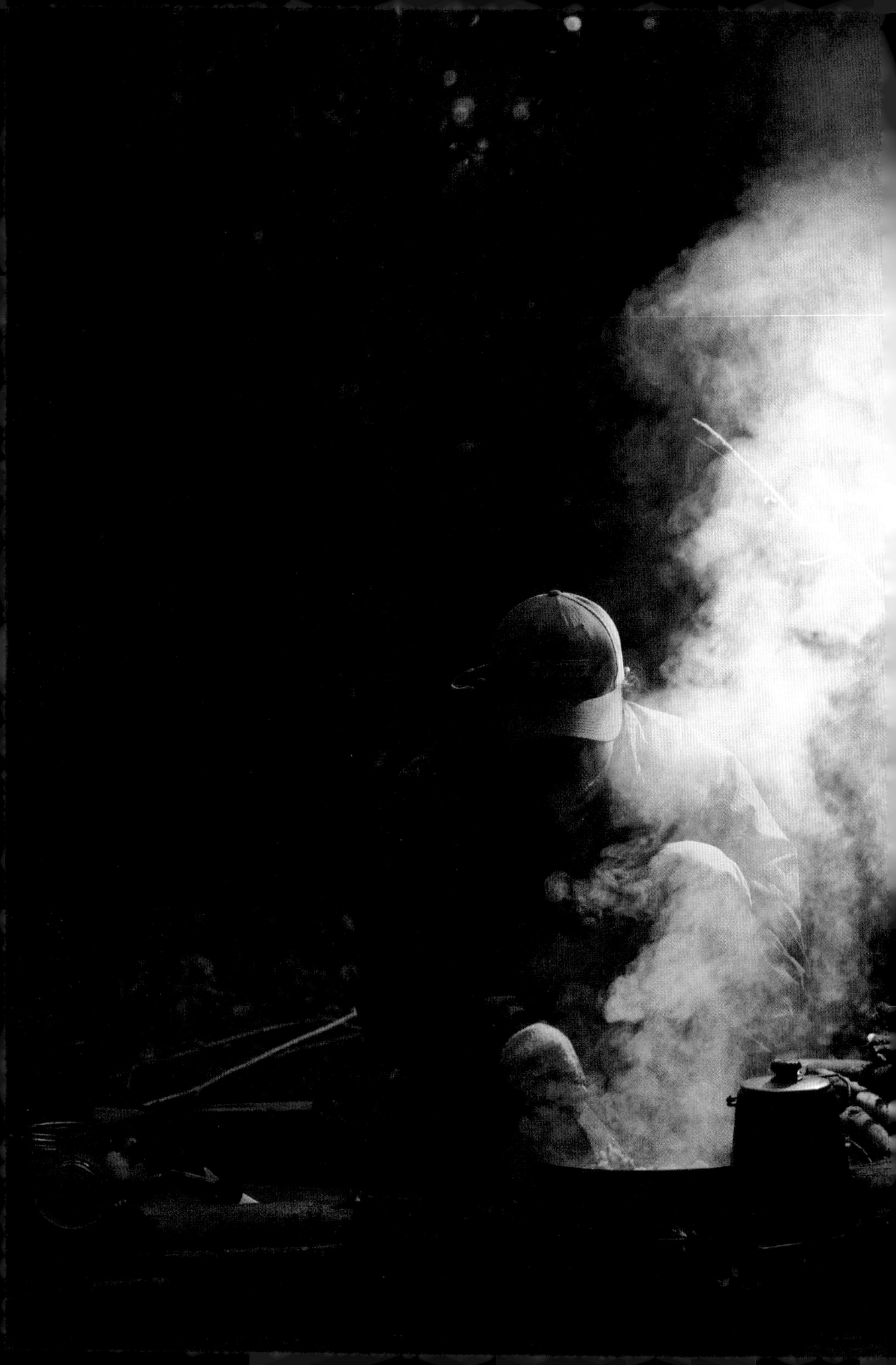

ポットローストポーク

牛肉や鶏肉でも代用できる
焚き火料理の定番メニュー。
ホロホロに煮込んだ肉と野菜の
旨味が凝縮されたスープが絶品。
煮込んで仕上げるので、
ローストするよりも
焦がしてしまう心配がありません。

材料（4人分）

豚肩ロース肉…300g
ジャガイモ…2個
ニンジン…1本
タマネギ…大1個
セロリ…½本
ローリエ…1枚
タイム…5本
オリーブオイル…大さじ2
粒マスタード…適量
ブラックペッパー…適量
塩…適量
水…材料が隠れる程度

作り方

1 ジャガイモとタマネギを4等分に切る。ニンジンとセロリは乱切りにする。
2 肉にしっかり塩をふって揉み込む。
3 熱したダッチオーブンにオリーブオイルを入れ、肉の表面に焦げ目がつくまでしっかり焼く。
4 切った野菜、ローリエ、タイムを入れ、具材が隠れるくらいまで水を入れる。蓋をして中火で60分ほど煮込む。
5 肉を切り分け、野菜とともに皿に盛り、粒マスタードを添えてブラックペッパーをふる。

炙り牛

調理を通して焚き火の扱い方や
火の通し方がよくわかるので、
スキルアップに最適な一品です。
ぜひ、毎回チャレンジして
マスターしてください。
小さい塊肉から始めて、
徐々にサイズを大きくしましょう。
冷めても美味しいので、サラダや
サンドイッチにも最適です。

材料（4人分）
牛赤身肉…800g
塩…適量

作り方

1　常温に戻しておいた肉全体に塩をすり込む。

2　太めの針金やチェーン、フックなどでハンガーに吊るし、火の上にぶら下げてじっくり炙る。

3　焚き火を楽しみながら、のんびり焼いていく。炎が当たりすぎないよう、肉の位置や向きをこまめに変えるのがポイント。ちなみに完成写真の焼き時間は、寒い日に約5時間。

4　焼き上がったら10分ほど肉を休ませ、好みの厚さに切り分ける。お好みのソースでいただく。醤油20㎖、みりん小さじ1、ニンニクすり下ろし小さじ1を混ぜるだけのソースがおすすめ。

Point

指で押してみた感触（固さ）で焼け具合を判断する。親指と薬指で輪を作り、親指の付け根を押してみた時と同じくらいの固さが目安。

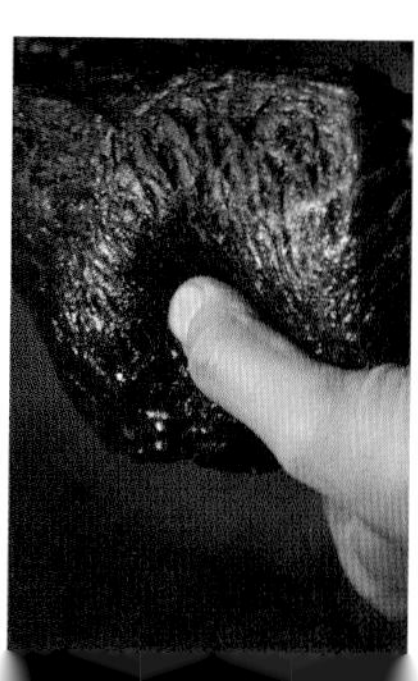

Point

温まって脂が落ち始めると、炎が上がってすぐに焦げてしまう。炎に当てない距離に吊るすことがコツ。ちょっと遠いかなと感じるくらいの、手をかざして熱を感じる距離を保とう。

ローストガーリックチキン

数ある焚き火料理のなかでもマスターしたいレシピの第一候補です。目指すゴールは皮パリパリでこんがりとキツネ色かつジューシーな肉汁が溢れ出る状態。失敗したくなければ一度、茹でてから表面だけ焼くのもあり。

調理法▶ロースト　／　調理道具▶10インチ ダッチオーブン、底上げ網

材料（2人分）

鶏骨付きモモ肉…小2本
ジャガイモ…大1個
ローズマリー…2本
ニンニク…2かけ
ブラックペッパー…適量
塩…適量

作り方

1 鶏肉に塩をまんべんなくふる。ジャガイモを4等分に切る。
2 網を入れたダッチオーブンに鶏肉、ジャガイモ、ニンニク1かけを並べる。
3 上にローズマリーをのせ、蓋を閉める。燃えた薪で上下から熱し、20分焼く。
4 途中で焼き具合を確認しつつ、薪の量を調整して焼き上げる。
5 残りのニンニク1かけ、ローズマリーを細かく刻む。オリーブオイルとともに、焼き上がった鶏肉とジャガイモにかける。ブラックペッパーを

グリルドチキンと彩りハーブ

表面はカリッと、
中身はジューシーに
焼き上げるのがポイント。
たっぷりのハーブと
合わせることで、
爽やかに食べられます。
肉に偏りがちな焚き火料理を
食べ飽きないよう、
さっぱりと仕上げました。

材料（4人分）

鶏モモ肉…300g
インゲン…10本
ミント…½パック
イタリアンパセリ…¼パック
ディル…¼パック
バルサミコ酢…大さじ1
オリーブオイル…大さじ1
クルミ…ひとつまみ
ブラックペッパー…適量
塩…適量

作り方

1 鶏モモ肉をひと口大に切り分けて塩をふる。網で少し焦げ目がつくまでじっくり焼く。

2 インゲンを鶏の脇で焦げ目がつくくらい焼く。

3 皿に肉、インゲンを盛り、砕いたクルミをちらす。バルサミコ酢、オリーブオイルを回しかける。

4 ちぎったミント、パセリ、ディルをちらし、ブラックペッパーをふる。

ミートマリネ

冷めても美味しい料理は
キャンプではありがたい存在。
ポイントは脂身の少ない
肉を選ぶこと。
サラダやサンドイッチの具材にも
活用できます。
ほどよくつけた焦げ目が
味のアクセントです。

材料（4人分）

牛モモステーキ肉…150g
豚モモステーキ肉…150g
鶏ムネ肉…150g
ドライトマト…3枚
セロリ…10㎝
レモン…½個
オリーブオイル…大さじ3
砂糖…小さじ1
ブラックペッパー…適量
塩…適量

作り方

1 鶏ムネ肉を厚さ1㎝くらいに切る。牛、豚、鶏、それぞれの肉に塩をふる。

2 網焼きにして中火でほどよく焦げ目をつける。

3 焼いた肉の細切り、ドライトマト、セロリをボウルに入れる。薄めのくし切りにしたレモンを絞ってから加え、砂糖をふる。

4 オリーブオイル、たっぷりのブラックペッパーをふって全体をよく和える。

鴨肉グリルの焼きネギ添え

鴨肉は焚き火との相性がいいなぁと
再確認させられたメニュー。
自らの脂で燻されて仕上がった
鴨ロースに付け合わせたのは焼きネギ。
一緒に食べると脂分が中和されて、
じつにさっぱりと食べられるのです。

材料（4人分）

鴨ロース肉…400g
長ネギ…1本
ニンニクスライス…1枚
ショウガスライス…1枚
赤ワイン…½カップ
醤油…大さじ1

作り方

1 鴨肉に軽く塩をふっておく。熾火で熱したスキレットで皮側からじっくり焼いて鴨脂を抽出する。

2 全体がほどよく色づいたら、鴨肉を網へ移して焼く。焦げ目がついたら、皿に取り出して休ませる。

3 ニンニク、ショウガ、赤ワイン、醤油を1のスキレットで煮込み、ソースを作る。

4 燃えている薪の上に長ネギを直接置き、表面が黒くなるまで焼き上げる。

5 スライスした鴨肉とネギを皿に盛り、3のソースをかける。ネギは黒く焦げた皮を剥きながら食べる。

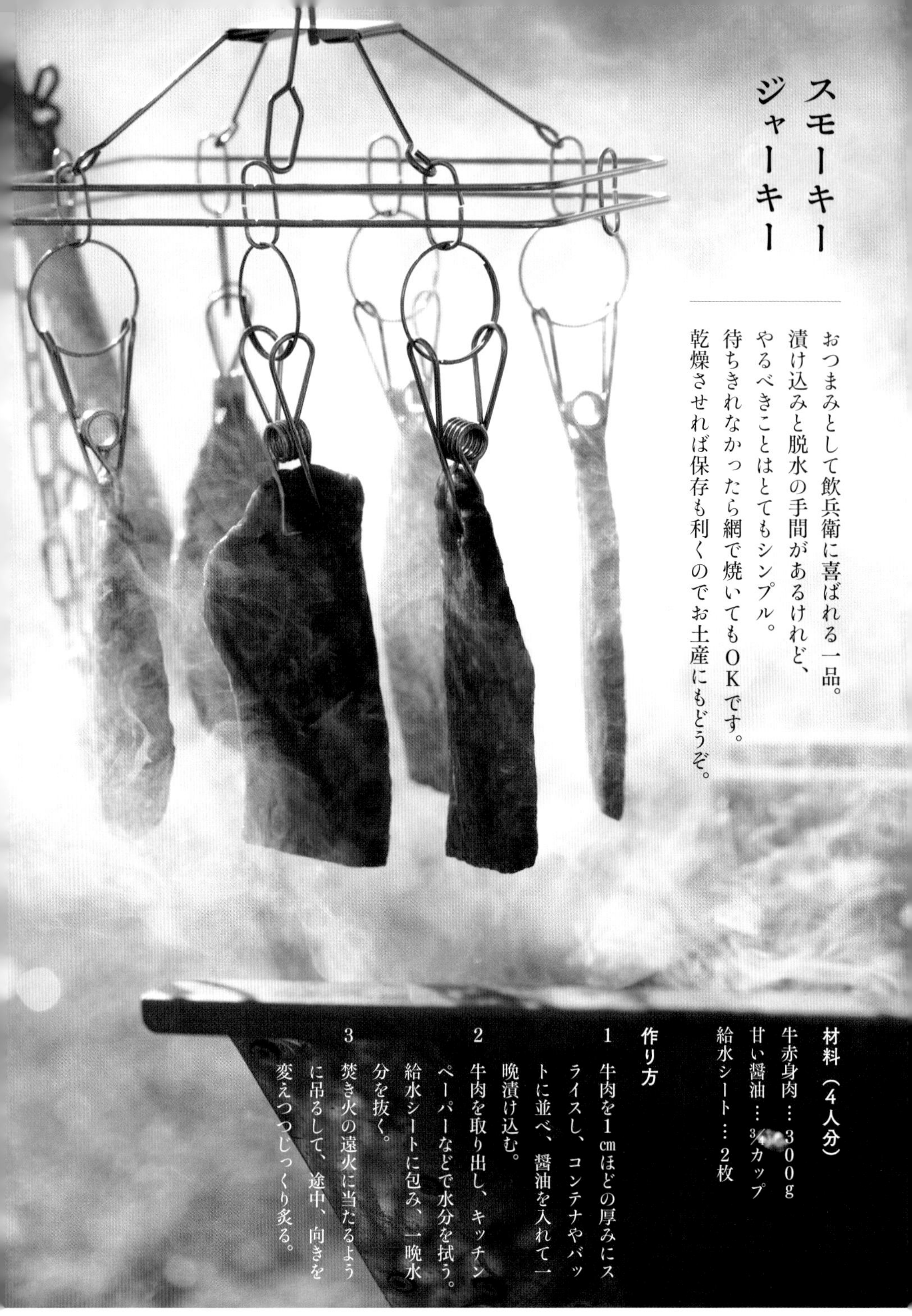

スモーキージャーキー

おつまみとして飲兵衛に喜ばれる一品。漬け込みと脱水の手間があるけれど、やるべきことはとてもシンプル。待ちきれなかったら網で焼いてもＯＫです。乾燥させれば保存も利くのでお土産にもどうぞ。

材料（４人分）

牛赤身肉…３００g
甘い醤油…$\frac{3}{4}$カップ
給水シート…２枚

作り方

1 牛肉を１㎝ほどの厚みにスライスし、コンテナやバットに並べ、醤油を入れて一晩漬け込む。

2 牛肉を取り出し、キッチンペーパーなどで水分を拭う。給水シートに包み、一晩水分を抜く。

3 焚き火の遠火に当たるように吊るして、途中、向きを変えつつじっくり炙る。

ポークスペアリブ ベリーソース

スペアリブには
焚き火がよく似合う。
さらにベリー系のソースや
柑橘類など果物との相性も
抜群なのです。
少し凝ったソースを
合わせてみましたが、
醤油をかけて焼くだけの
食べ方もいいですね。

材料（4人分）

スペアリブ…8本（約400g）
タマネギ…100g
セロリ…50g
ニンジン…50g
ブルーベリー…150g
ミカン…2個
赤ワイン…½カップ
醤油…大さじ3
ブラックペッパー…適量
塩…適量
水…600mℓ

作り方

1 スペアリブに塩をふり、中火の熾火で表面を焼く。半分に切ったミカンも断面を焼く。

2 刻んだタマネギ、セロリ、ニンジン、水600mℓ、1のスペアリブをダッチオーブンに入れて煮込む。10分ほど煮たら、肉だけ皿に取り出しておく。

3 ダッチオーブンにブルーベリー、ワイン、醤油を加え、さらに煮込んでソースを作る。

4 ソースがほどよく煮詰まってきたら、スペアリブを焦げ目がつくまで網焼きする。皿に盛り、ミカンを添え、ソースをかけてブラックペッパーをふる。

Point

スペアリブは焼く前に短時間煮ておくと生焼けになる心配がない。ソースにも肉の脂が溶け出してコクが出る。

ビーフブルスケッタ

牛肉のカルパッチョは手軽に作れて喜ばれる定番中の定番。

スペイン料理の前菜のようなフィンガーフード風にアレンジしてみました。

サラダやサンドイッチにもできるので、キャンプでは毎回必ず作るレギュラーの焚き火料理にしましょう。

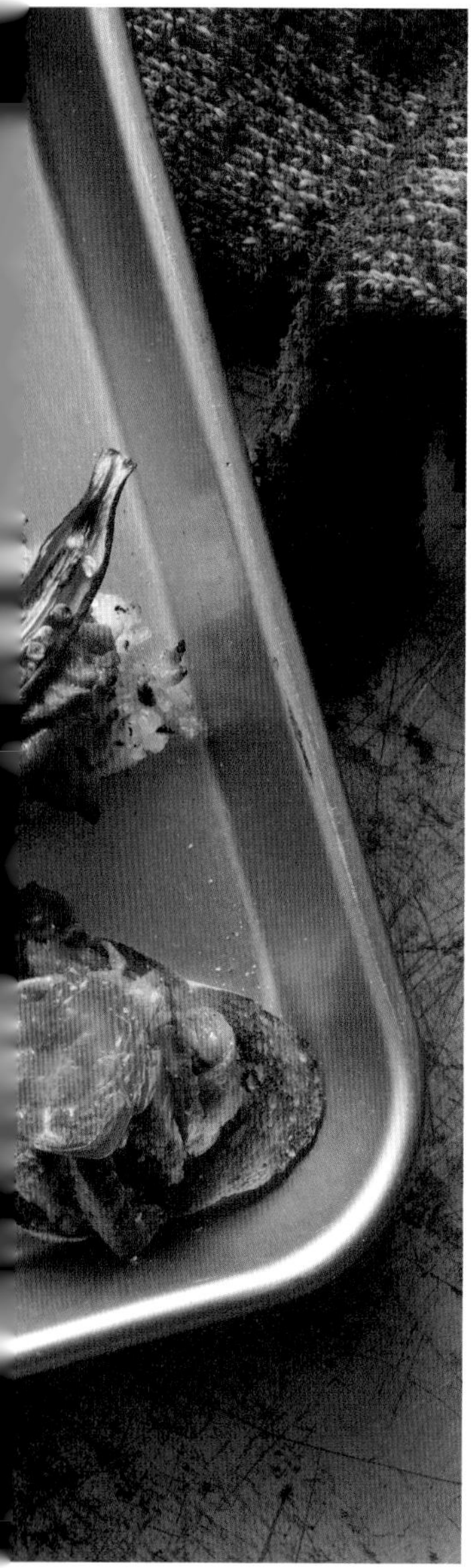

材料（4人分）

牛赤身肉…300g
ご飯…200g
バゲット…5枚
オクラ…3本
ミニトマト…3個
片栗粉…大さじ1
オリーブオイル…大さじ1
ブラックペッパー…適量
塩…適量

作り方

1 牛肉に塩をふり、網焼きにして全体に焦げ目をつけたら、バットに取り休ませておく。
2 ご飯に片栗粉を混ぜてこね、薄く伸ばす。
3 オリーブオイルを引いたスキレットを中火の熾火にかけ、2を焦げ目がつくまで両面カリッと焼き上げる。最後に醤油をかけて焼き、取り出して4等分に切る。
4 バゲットとオクラ、トマトを網焼きにして焦げ目をつける。軽く塩をふっておく。
5 できるだけ薄くスライスした牛肉、ミニトマト、オクラを、焼いたご飯とバゲットにのせる。仕上げにブラックペッパーを全体にふる。

Point

ご飯はコンビニの塩おにぎりを使うのも手。いじり過ぎると崩れてしまうので、焼き目がつくまではじっと我慢。

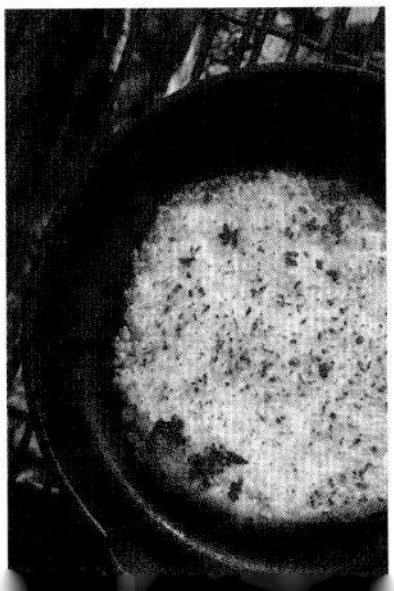

厚切り牛タンのグリル

塊の牛タンを分厚く切り、焚き火で焼くだけ。塩とレモンがあれば、これだけで十分美味い。ブロック状の牛タンは、店頭に並んでいなくても精肉店などで聞くと出してもらえます。煮込みもおすすめなので、半分網焼き、半分煮込みで！

材料（4人分）

牛タン…400g
万願寺トウガラシ…8本
レモン…1個
ブラックペッパー…適量
塩…適量

作り方

1 牛タンを厚めに切り、塩をふる。中火の熾火で両面をじっくりと網焼きにする。

2 万願寺トウガラシとスライスしたレモンも隣で焼く。

3 牛タンを一口大に切り分けて皿に並べる。トウガラシとレモンを添える。仕上げに全体に塩、ブラックペッパーをふる。

Point

レモンは焦げ目がつくまでしっかり焼くと酸味がやわらぎ、ほどよい苦味が加わって美味。

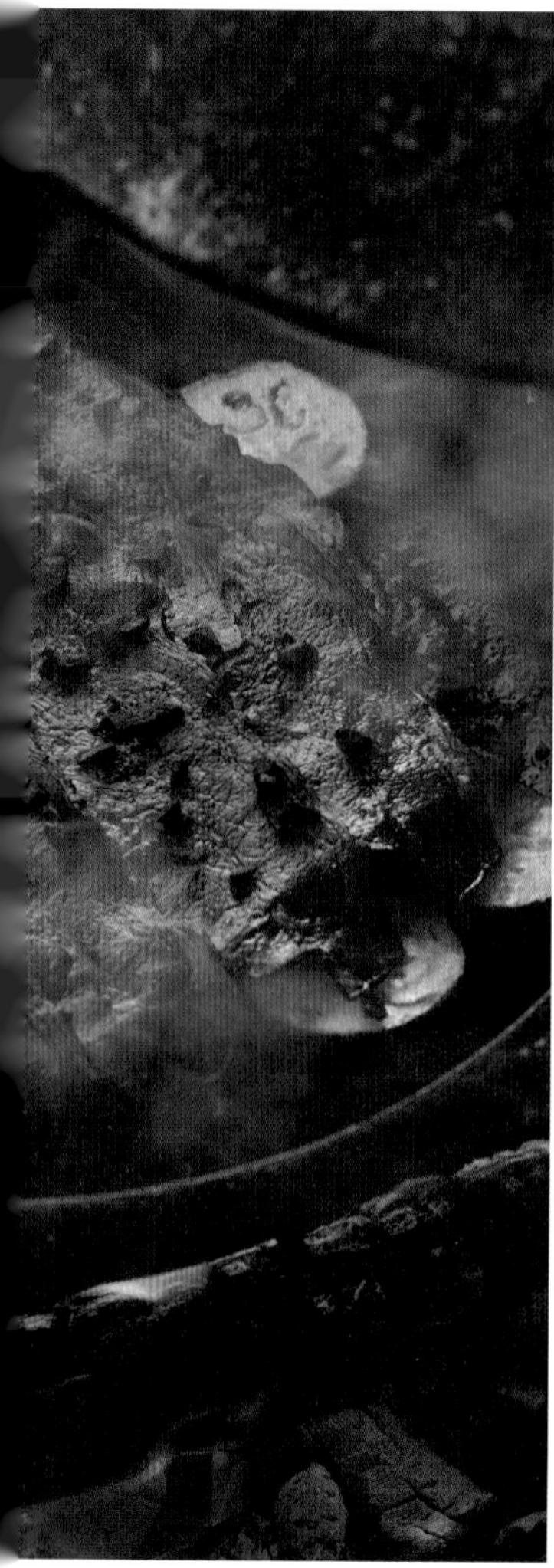

クリスピーガーリックベーコン

ほどよい焦げ目をつけた
カリカリのベーコンと、
その脂を吸ったジューシーで
柔らかなナスのマリアージュ。
ビールのお供にしても
パンに挟んで
サンドイッチにしてもグッド！
鉄板の組み合わせなので
炒めても煮込んでも美味しい。

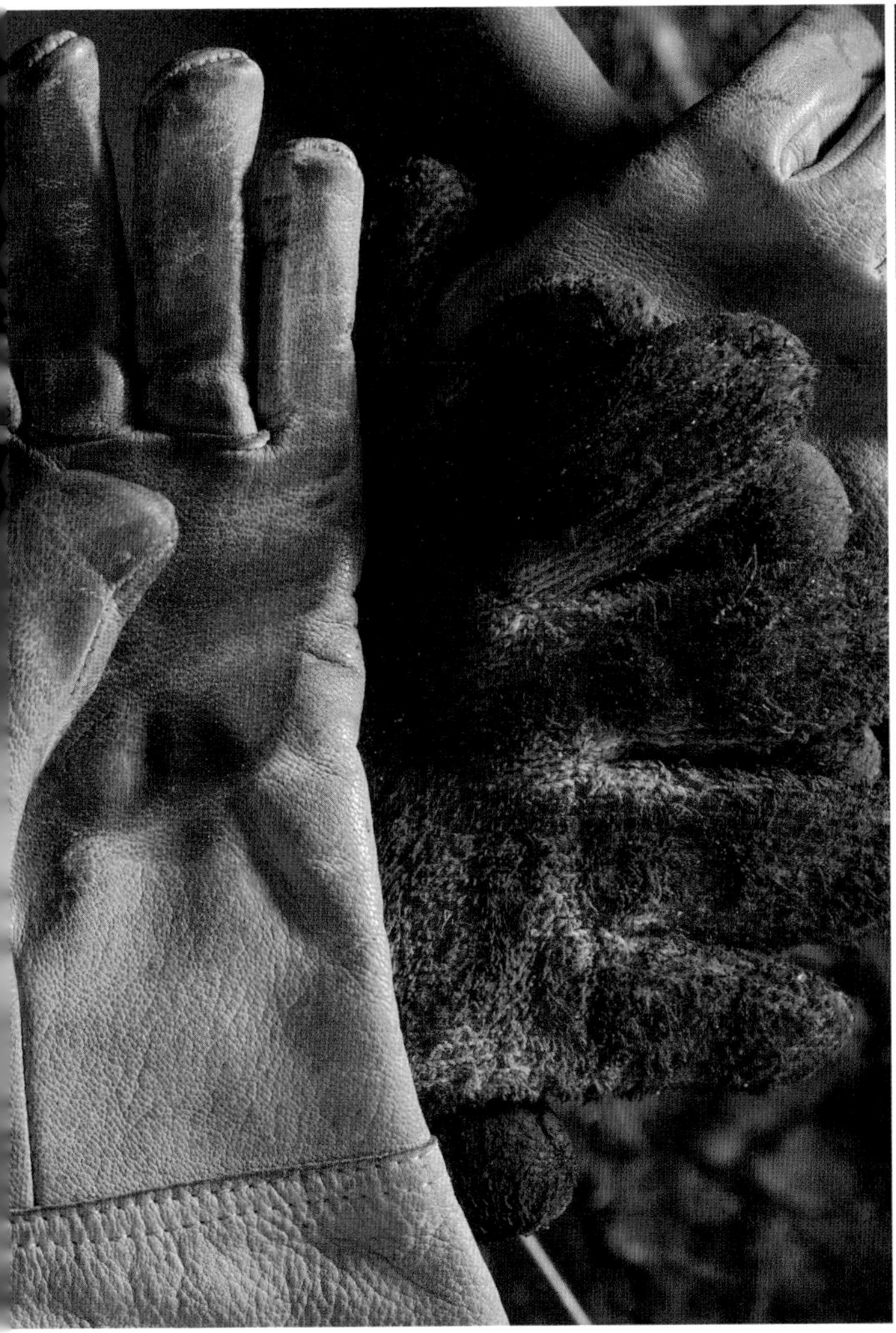

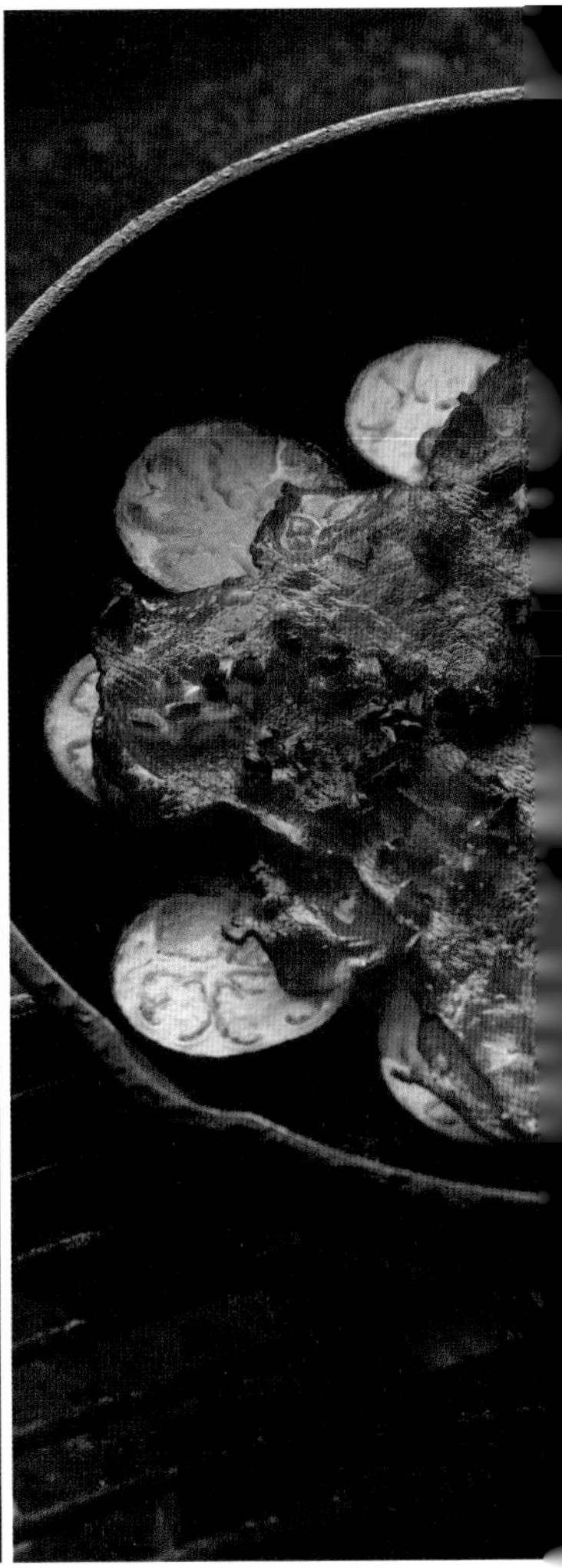

材料（4人分）

厚切りベーコン…4枚
ナス…2本
ニンニク…1かけ
オリーブオイル…大さじ3

作り方

1 ナスを厚めの輪切りにし、ニンニクを細かく刻む。
2 スキレットにナスを並べ、全体にオリーブオイルをなじませる。ベーコンを上に並べ、刻んだニンニクをちらす。
3 蓋を閉め、中火の熾火の上下火で熱を入れる。ベーコンがカリカリになるまでが目安。

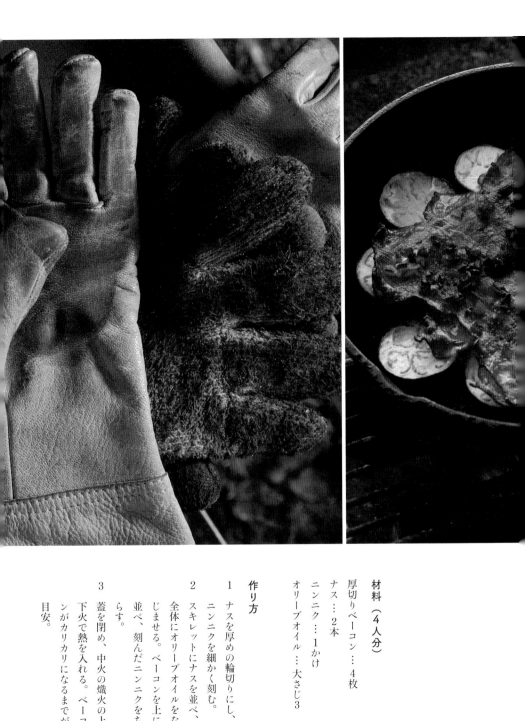

ホイル煮込み ハンバーグ

厚切りの肉を根気よく刻んで、
粗めの挽肉を
自分で作ってみましょう。
このひと手間をかけることで、
ニクらしいほどの
ジューシーさに仕上がります。
ホイル焼きにすれば、
肉の旨味を余すところなく
閉じ込められます。

Point

自分で刻んだフレッシュな挽肉は驚くほど美味い。写真くらいの粗さを目安にカットする。

材料（4人分）

牛ステーキ肉…300g
豚ロース肉…250g
タマネギ…1個
マッシュルーム…大4個
デミグラスソース…½カップ
醤油…大さじ1
赤ワイン…大さじ2
塩…小さじ2

作り方

1 肉を細い千切りにしてから刻む。
2 大きめのボウルに1と塩を入れて、しっかりこねる。
3 タマネギを輪切りにする。マッシュルームはスライスする。
4 小さいボウルにデミグラスソースと赤ワイン、醤油を入れて混ぜておく。
5 ホイルを広げて、タマネギ（全体の半量）を敷き詰めて2をのせる。残りのタマネギ、マッシュルームをのせて、4のソースをかけてから包む。
6 中火の熾火で上下から熱を加え、じっくりと焼く。お好みの付け合わせも横で網焼きにする。

炙りフレンチラムラック

このビジュアルだけでもワクワクするでしょ？

自宅では大きなオーブンがないと作れない料理ですが、焚き火さえあればこんな豪快な料理も作れちゃうんです。

焼きたてに軽く塩をふるだけでもビールが進みます。

Point

脂が多いリブは落ちた脂で炎が上がって焦げやすいので、赤身よりも遠火を意識する。全体に焦げ目がつき、表面に脂がジュワジュワと滲んできたら焼き上がりの合図。焼き過ぎてパサパサにしないよう注意したい。

材料（4人分）

ラムラック…700g
イタリアンパセリ…3本
粒マスタード…大さじ2
オリーブオイル…大さじ1
ブラックペッパー…適量
塩…適量

作り方

1 ラムの塊肉にまんべんなく塩をふる。タコ糸で縛り、熾火の遠火に当たるギリギリの距離に吊るす。途中で向きを変えながら、じっくりと焼く。

2 粒マスタード、刻んだイタリアンパセリ、オリーブオイル1をボウルに入れ、よく混ぜてソースを作る。

3 焼き上がったラムを切り分けて皿に盛る。ソースをかけてブラックペッパーをふる。

TEASPOON

魚介

Chapter 02 : Fish

焚き火の香ばしさは
魚介の旨味を引き出す
一種のスパイスです。
面倒な下処理を
出発前に済ませておけば
手間もかかりません。

ハマグリの焦がしネギソース

薪で焼いたネギと
焦げた醤油の風味は、
間違いのない組み合わせ。
刻んだショウガを加えるのもあり。
ハマグリの旨味を
さらに引き出してくれます。
この長ネギソースは魚介類はもちろん、
豚肉や鶏肉にもおすすめ。

材料（4人分）

ハマグリ … 12個
長ネギ … ½本
醤油 … 大さじ3
日本酒 … 大さじ1

作り方

1 スキレットに洗ったハマグリと酒を入れ、蓋をして中火で蒸し焼きにする。
2 長ネギに醤油を塗りながら網焼きし、細かく刻む。
3 蒸し上がったハマグリに刻んだネギをちらす。

Point

長ネギは直火で香ばしく焼き上げる。醤油を塗ると焦げやすくなるので火加減に注意。

エビとムール貝のホイル焼きケイジャンソース

エビと貝を一緒にホイル焼きにすると旨味が引き立てあってより美味しく仕上がります。見栄えもいいのでホイルをテーブルで開けば歓声が上がるはず。ケイジャンスパイスや下処理済みのエビを使うと手間が減ってお手軽です。

材料（4人分）
有頭エビ…6尾
ムール貝…4個

アサリ…5個
ヒヨコ豆…1缶（100g）
シシトウ…8本
ニンニク…1かけ
ケイジャンスパイス…大さじ2
オリーブオイル…大さじ3

作り方

1 厚手のアルミホイルにヒヨコ豆を並べ、下処理したアサリ、ムール貝、エビをのせる。
2 全体にケイジャンスパイスをふり入れる。シシトウ、ニンニクを並べる。
3 オリーブオイルを回しかけ、ホイルで包んで上下から薪で火を入れる。10分弱蒸し焼きにする。

Point

豆を先に敷いた方が魚介のエキスを吸って美味。魚介と豆の種類はお好みで。

調理法▶グリル、ソテー ／ 調理道具▶グリル網、9インチ スキレット

イカとホタテの豆鼓バター

イカとホタテは、焚き火で焼いて醤油をかけるだけでも美味しい。そこを起点に、醤油と同じく豆から作られる調味料・豆鼓をかけたらどうかと想像して完成させました。焚き火料理には珍しい中華風。これが合うんです。

材料（4人分）

- イカ…4杯
- ホタテ…10個
- 長ネギ…10本
- シシトウ…6本
- レモン…1個
- 豆鼓…大さじ1
- 鷹の爪…1本
- バター…20g

作り方

1 イカとホタテを熾火で網焼きにする。隣でスキレットを熱しておく。

2 長ネギとシシトウも網焼きにして、焦げ目をしっかりつける。

3 スキレットでバターを溶かし、鷹の爪、豆豉を加えてソースを作る。

4 焼いたネギを刻み、イカ、ホタテ、シシトウとともに3に加え、ソースとよく和える。

5 お好みでレモンを絞る。

調理法▶グリル、煮込み　／　調理道具▶グリル網 、10インチ スキレット

イサキのアクアパッツア

ニンニクやハーブの香りをオイルに移して、
魚と好みの具材を焼いて煮込むだけ。
見た目は豪華な料理ですが、
じつは調理工程はとても簡単なんです。
残ったスープは
バゲットを浸して食べてもいいし
スープパスタも最高です。

材料（4人分）

イサキ…1尾
アサリ…250g
トマト…1個
ニンニク…1かけ
ローリエ…1枚
タイム…2本
鷹の爪…1本
白ワイン…50㎖
オリーブオイル…大さじ3
ブラックペッパー…適量
塩…適量
水…400㎖

作り方

1 浅めの大きなスキレットにオリーブオイル、ローリエ、潰したニンニク、鷹の爪を入れて、中火で熱して香りを引き出す。
2 水と白ワイン、刻んだトマトを加えて煮込む。
下処理をしたイサキに塩をふり、両面に切れ目を入れる。中火の熾火でじっくり両面網焼きにする。
3 焦げ目がついたら、タイム、砂抜きしたアサリとともに2の鍋に加え、5分ほど軽く煮込む。
4 仕上げにブラックペッパーをふり、塩で味を調える。

グリルドサーモンとアボカドのサラダ

レモン&オリーブオイルと2種類のペッパーが、味を引き締めてくれます。お好みでマヨネーズ系のソースもありでしょう。もしも余ったらよく混ぜてパテ風にしたり、たっぷりチーズをかけてローストすればグラタンにも変身します。

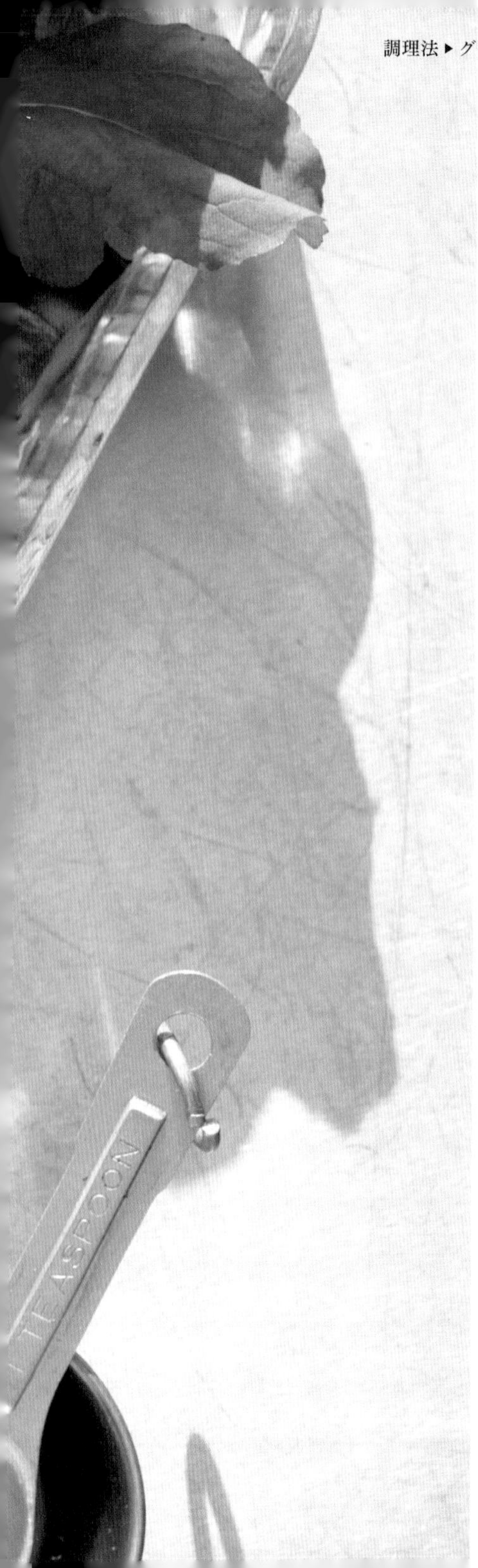

材料（4人分）

サーモン…200g
アボカド…1個
ルッコラ…数枚
レモン…1/4個
オリーブオイル…大さじ2
ピンクペッパー…ひとつまみ
ブラックペッパー…適量
塩…適量

作り方

1 サーモンに塩をふり、中火の熾火で表面をさっと網焼きにしてひと口大に切る。

2 アボカドを半分に切り、断面を焼いてひと口大に切る。

3 葉ものとともに1と2を皿に盛る。オリーブオイル、レモンを全体に絞りかけ、ブラックペッパーとピンクペッパーをふる。

カマスのガーリックハーブ焼き

旬の魚をハーブとレモンとともにホイルで包み、焚き火にかけるだけ。切り身より見栄えがよく、食卓映えする豪華な料理に仕上がります。魚はなんでもお好みで。鱗取りなどの下処理は出発前に済ませておくとスムーズに調理できます。

材料（3人分）

カマス…3尾
ニンニク…1かけ
ローズマリー…たっぷり
レモン…1個
オリーブオイル…大さじ2
塩…適量

作り方

1　下処理をしたカマスに切り目を入れ、全体に塩をふる。
2　厚手のアルミホイルを2枚広げ、ローズマリー、カマスの順に並べる。
3　スライスしたレモンとニンニク、ローズマリーをのせ、オリーブオイルを回しかけて閉じる。
4　火床へ直にホイルを置き、周りに薪を置いてじっくりローストする。

グリルしたエビとベーコンのキッシュ

焚き火でキッシュを焼いたら
さぞ美味しかろうと考えて作ってみました。
つい余らせてしまいがちな
パン粉をベースにしていますが、
市販のパイ生地やタルト生地を使えば
もっと手軽にできます。

材料（4人分）

エビ…5尾
ベーコン…100g
ブロッコリー…5かけ
パン粉…2½カップ
卵…3個
生クリーム…1カップ
ピザ用チーズ…ひとつかみ
バター…20g
塩…適量

作り方

1 パン粉と卵の白身2個分をボウルでよく混ぜて、生地のベースを作る。

2 スキレット全体にバターを塗り、1の生地を入れて全体に広げて蓋をする。中火の熾火にかけ、蓋の上にも燃えた薪を置いて上下から焼く。

3 下ごしらえしたエビに塩をふり、ベーコンをひと口大に、ブロッコリーは小分けにする。ほどよく焦げ目がつくよう網焼きする。

4 卵の黄身2個と卵1個をボウルに入れ、よく溶いてから生クリーム、チーズも加えて卵液を作る。

5 2の生地が焼けたら、4を加える。さらにその上に3を並べ、蓋の上に燃えた薪を多めにのせて5分ほど焼く。

6 ほどよく卵に火が入ったら、仕上げにトングで燃えた薪をつかみ、表面に近づけて焦げ目をつける。

炙りプランクサーモンの
ジンジャーバターソース

杉板焼きは、数百年前から
ネイティブアメリカンの
伝統的な調理法として
伝わる焚き火料理です。
脂ののったサーモンは、
合わせる食材次第で
さっぱり食べられます。
サンドイッチやパスタの
具材としてもどうぞ。

材料（4人分）

サーモン…200g
ポピーシード…大さじ1
ショウガ…10g
レモン…1/4個
パクチー…1束
バター…30g
オリーブオイル…大さじ2
ブラックペッパー…適量
塩…適量

調理法▶直置きグリル ／ 調理道具▶グリル網、杉板

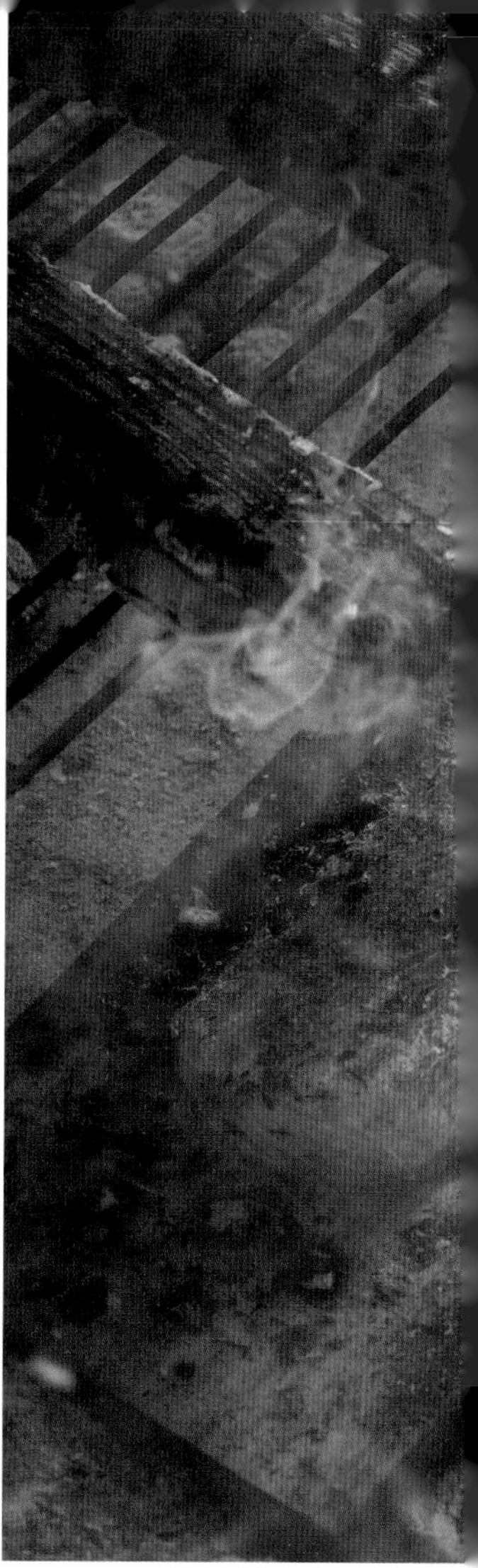

作り方

1 サーモンに塩をふり、オリーブオイルを塗った杉板にのせる。

2 火床に直接1を置き、網の上に燃えた薪を3本ほど並べ、上火でサーモンを焼く。

3 表面に油が出てきたら、薪の位置を調整しながら10分ほど全体をまんべんなく焼く。

4 サーモンの表面にバターとすりおろしたショウガを塗り、ポピーシードをかけて、さらに3分ほど焼く。

5 焼き上がったらブラックペッパーをふって、レモンを絞る。塩と刻んだパクチーを添える。

Point

杉板は炭をどかした火床にセットする。網の上に薪を置き、上火で焼き上げる。板は調理前に2時間ほど水に浸けて、水分を含ませておくと焦げない。

米、パン、麺

お腹に溜まる食事を中心に据えてメニュー全体を構成してみましょう。自宅で作り慣れた料理も焚き火で作ると数倍美味しく感じます。

Chapter 03 : Rice & Bread & Noodles

グリルドシュリンプパエリヤ

鍋で白いご飯を炊くよりも
じつはパエリアを炊く方が
失敗しづらいって知ってました？
直火で焼いたスモーキーな
エビを加えることで
焚き火料理ならではの仕上がりに。
トマト味にアレンジしてもいいし
肉を具材にしてもOKです。

材料（3人分）

エビ…5尾
アサリ…10個
セロリ…10㎝
米…2カップ
サフラン…ひとつまみ
ディル…適量
レモン…½個
オリーブオイル…大さじ2
塩…適量
水…500㎖

作り方

1　お湯1カップにサフランを入れてサフラン水を作る。

2　刻んだセロリ、オリーブオイルをスキレットに入れ、中火で炒める。

3　米を加えてしっかりと炒めたら、1のサフラン水＋水1カップ半、塩小さじ1を加えて全体を馴染ませる。

4　砂抜きしたアサリを全体に

のせ、蓋をしたら強火で熱する。沸騰したら薪を減らし、弱火にして8分を目安に炊く。

5 皮を剥き背ワタを抜いたエビに塩をふり、網焼きする。

6 ご飯が炊き上がったら、焼いたエビ、くし切りにしたレモン、ディルを添える。

Point

米1：水1.2が水の量の目安。お焦げを作りたい場合は、炊き上がりに+1分強火にかける。焦げているかどうかは匂いを嗅いで判断する。

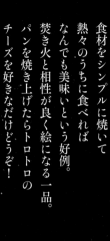

ベーコンチーズのオープンサンド

キャンプ料理なんてのは
食材をシンプルに焼いて
熱々のうちに食べれば
なんでも美味いという好例。
焚き火と相性が良く絵になる一品。
パンを焼き上げたらトロトロの
チーズを好きなだけどうぞ！

材料（2人分）

イギリスパン…2枚
ベーコンブロック…スライス2枚
ラクレットチーズ…2枚
刻みパセリ…少々
ブラックペッパー…適量

作り方

1 パンを両面網焼きする。ベーコンを厚めに切り、網焼きし、刻んでパンにのせる。
2 熱したスキレットでチーズを溶かし、ベーコンにかける。
3 パセリ、ブラックペッパーをちらす。

GLOBAL

グリルド ベジタブルパイ

グリルするだけでも美味い野菜が主役のメニューを、冷凍パイ生地を使って少々アレンジしてみました。すぐに焼き上がるので、メインが待ち切れない時のフィンガーフードとして、大人も子供も大喜びのお手軽グリルパイです。

材料（4人分）

冷凍パイ生地…2枚
赤パプリカ…1個
黄パプリカ…1個
ズッキーニ…1本
ニンニク…1かけ
ベーコン…150g
カッテージチーズ…適量
オリーブオイル…大さじ2

調理法▶グリル　／　調理道具▶グリル網、ベジタブルバスケット

ブラックペッパー…適量
塩…適量

作り方

1　パプリカのタネを取り除き、一口大に切り分ける。ズッキーニ、ベーコンも同じ大きさに切り、皮を剥いたニンニクとともにベジタブルバスケットに入れる。

2　オリーブオイルをかけて中火の熾火にかけ、焦げ目がつくように焼く。全体に塩をふって味を調える。

3　パイ生地を4等分にする。バターが入っていて焦げやすいので、弱火の熾火でじっくりと焼く。

4　焦げ目がついたら、2とカッテージチーズをのせ、オリーブオイルをかけ、ブラックペッパーをふる。

Point

ベジタブルバスケットを使えば野菜がしっとり焼き上がる。パイ生地はとても焦げやすいので、遠火でじっくり、目を離さないで。

薪焼き カルボナーラ

じつはカルボナーラとは
「炭焼き職人」が語源。
熱々の炭を利用した
この調理法はピッタリでしょう。
焚き火で作るパスタの中でも
これが一番好きなレシピ。
ベーコンとチーズは
奮発して良いものを選ぶと
一段上の味に仕上がります。

材料（3人分）

パスタ…300g
ベーコン…150g
卵…2個
ニンニク…大1かけ
パルミジャーノチーズ…50g
オリーブオイル…大さじ2
ブラックペッパー…適量
塩…適量
水…1.5ℓ

Point

パリパリになった焦げ目も美味。スキレットに戻してからも火が入っていくので、火加減によく注意しながら仕上げる。

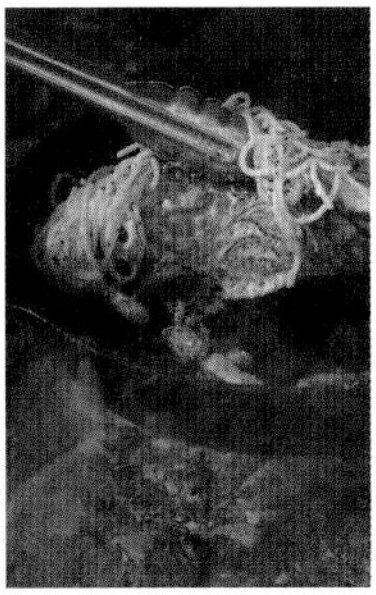

作り方

1 お湯を1.5ℓ沸かし、塩を大さじ1入れてパスタを茹でる。
2 ベーコンの半量を両面網焼きにする。残りは短冊切りにしてスキレットに入れる。
3 スキレットを中火の熾火で熱し、潰したニンニク、オリーブオイルを加え、少し焦げ目がつくまで炒める。
4 ボウルに卵を溶き、すり下ろしたパルミジャーノチーズをたっぷり入れる。
5 茹で上がったパスタを湯切りし、3に入れて具とオイルをよく絡める。
6 4のボウルにパスタを入れ、よく混ぜて和える。
7 スキレットに戻し、残りのベーコンをのせ、ブラックペッパーを多めにふる。火のついた薪で表面を香ばしく炙ってからいただく。

スパイシーチキンクスクス添え

骨付きの鶏肉は火が入りづらいが、茹でたあとに焼けば生焼けの心配なし。茹で汁はクスクスを戻すのに使えば、さらに旨味が生きます。残ってもサラダやスープにも活用できる優れもの。

材料（4人分）

鶏手羽元…5本
クスクス…1カップ半
タマネギ…1/4個
ニンニク…1かけ
ピーマン…1個
ライム…1/4個
オリーブオイル…大さじ2
タコスシーズニング…大さじ1
塩…適量
水…材料が隠れるくらい

作り方

1 鶏肉に塩をふり、中火の熾火で表面を網焼きする。

2 スキレットを熱し、オリーブオイルを入れ、一口大にカットしたタマネギを炒める。

3 1と皮を剥いたニンニクを加え、肉が隠れるくらい水を入れて5分ほど煮込む。

4 鶏肉を取り出し、タコスシーズニングで和える。

5 スキレットにクスクス、塩小さじ1を加えて10分煮込む。

6 4をほどよく焦げ目がつくまで再度網焼きにし、クスクスの上に並べて、スライスしたピーマン、くし切りにしたライムを添える。

Point

茹でる前に肉の表面を焼いておくと、臭みが消え、旨味が抜けずにとどまる。茹でることで芯まで火が通る。

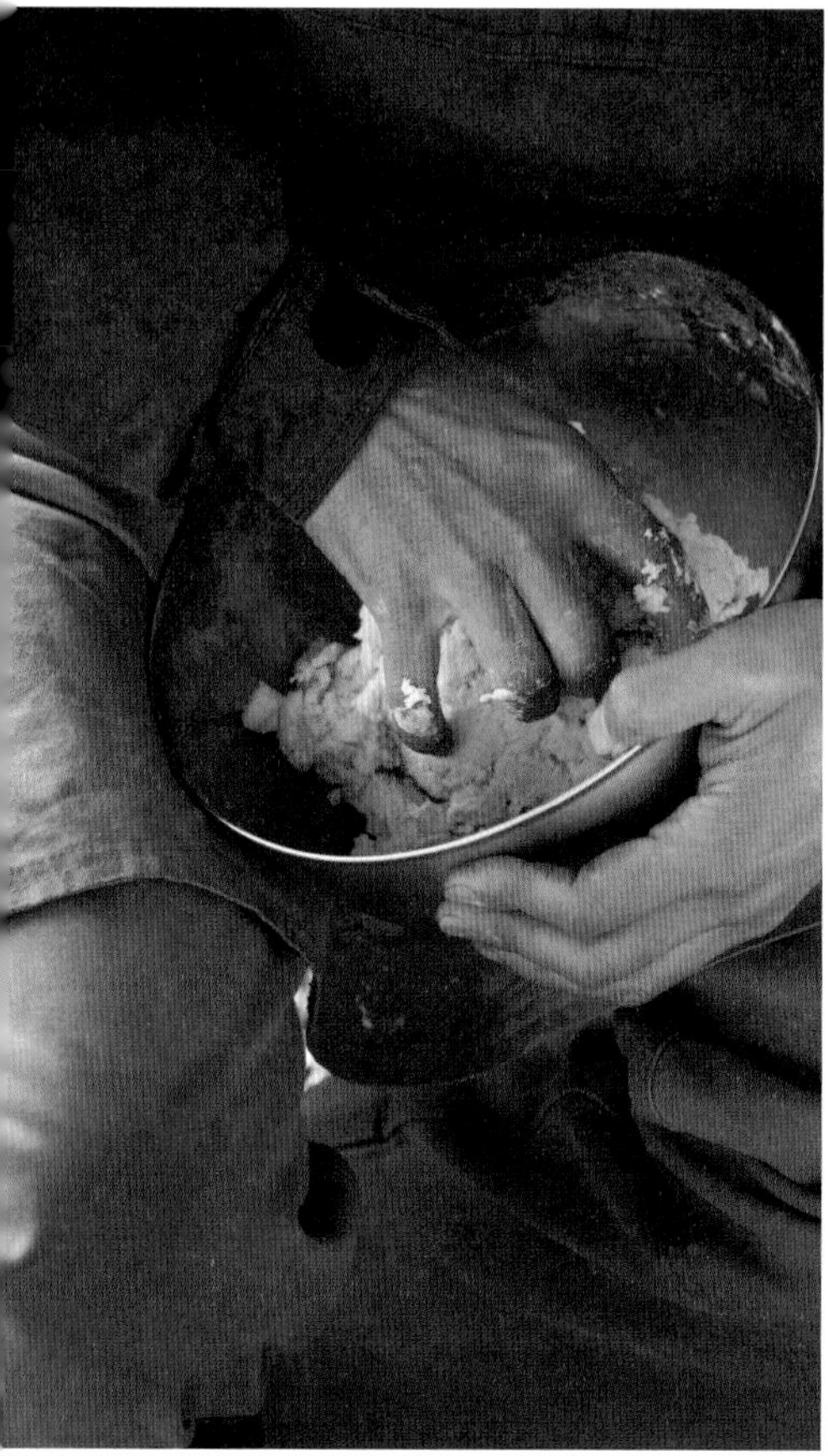

ホットバター ビスケット

焚き火料理に合わせる主食は
炊きたてホカホカの白いご飯一択?
いやいや、バターたっぷりの
焼きたてビスケットなんてどうでしょう。
アクセントにクミンを入れて、
食事向きのアレンジを加えました。
パンと違って発酵がいらず、
分量を合わせて
こねるだけなので簡単です。

材料（4人分）

小麦粉…2カップ
ベーキングパウダー…小さじ1
生クリーム…½カップ
サワークリーム…大さじ3
バター…80g
クミン…ひとつまみ

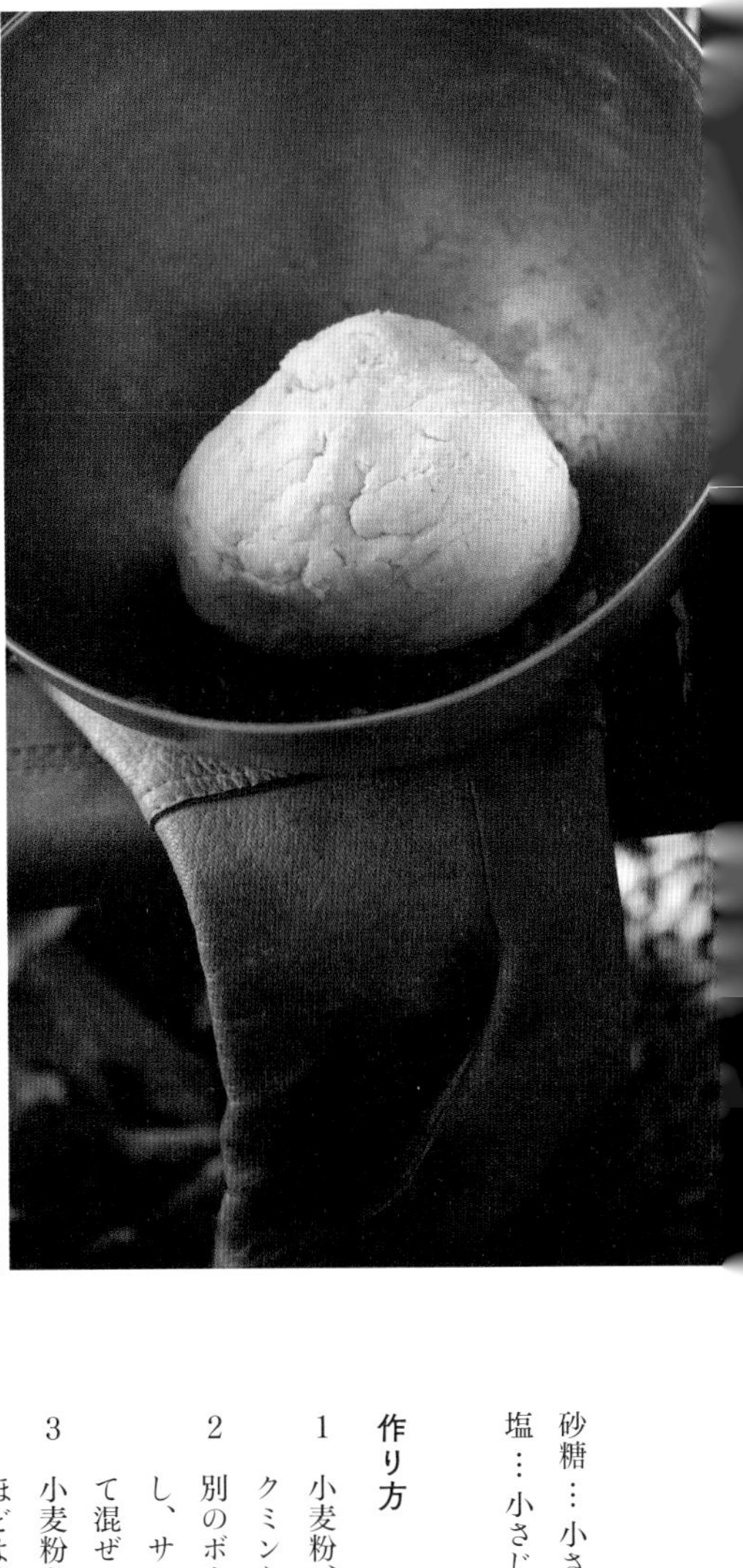

砂糖…小さじ1
塩…小さじ1

作り方

1 小麦粉、ベーキングパウダー、塩、砂糖、クミンをボウルで混ぜる。

2 別のボウルに入れたバターを温めて溶かし、サワークリーム、生クリームを加えて混ぜてから、1と合わせる。

3 小麦粉を少しずつ足して調整しながら、ほどよく生地がまとまるまで手でこねる。

4 厚さ1㎝ほどに生地を広げて、カップなどで型抜きし、小麦粉で打ち粉をしたスキレットに並べる。

5 蓋をして上下に薪を置いて焼く。底が焦げやすいので下火は弱めに。途中、蓋を開けて焼き加減を確認しながら、15分ほど焼く。

Point

生地は自宅で仕込んでいくのがスマート。型抜きは子供に手伝ってもらうと盛り上がる。

焼きズワイガニのバターライス

香ばしく焼いて
甘味が凝縮した焼きガニを、
炊きたてご飯に
贅沢に混ぜ込んでみました。
ご飯と一緒にカニを
炊き込んでもいいけれど、
焼いてからほぐして入れた方が
身の味が楽しめます。
白飯でおかずを食べたい人は、
混ぜ込む前に取り分ければ
2度美味しい。

材料（4人分）

米…3カップ
冷凍ズワイガニ…1杯
タマネギ…中1/2個
ニンニク…1かけ
パセリ…1本
鷹の爪…1本
ローリエ…1枚
バター…40g
ブラックペッパー…小さじ1/2
塩…適量
水…600mℓ

作り方

1 洗った米と水600mℓをダッチオーブンに入れて20分ほど浸水させる。

2 強火で米を炊き始める。沸騰したら、薪を減らして弱火の熾火にして8分炊き、火から外して10分蒸らす。

3 バター、鷹の爪、ローリエ、ブラックペッパー、刻んだタマネギ、ニンニクをスキレットで炒める。カニを解凍した時の汁を加え、さらに炒める。

4 カニは中火の熾火で焦げ目がつくまで網焼きにする。

5 炊き上がったご飯に3を加え、よく混ぜる。味見をし、必要なら塩を加える。焼いたカニを並べ、刻んだパセリをちらす。

ホットサンド

ここでは4種類に絞ったけど
おすすめしたいホットサンドは
他にもたくさんあります。
特に卵やチーズ系との
相性は最高です。
前夜に食べ残したおかずや
カレー、シチュー、
スイーツまで何でも挟めば
美味しく仕上がります。

カニサンド

材料（1人分）

食パン…2枚
カニ缶…大さじ2
タマネギスライス…1枚
ピザ用チーズ…大さじ2
オリーブオイル…大さじ1/2

作り方

1 ホットサンドメーカーにオリーブオイルを入れ、中火でタマネギを炒める。
2 焼いたタマネギ、カニ、ピザ用チーズをパンで挟み、ホットサンドメーカーに戻して両面じっくりと焼く。

ソーセージエッグサンド

材料（1人分）

食パン…2枚
ソーセージハム…2枚
卵…1個
オリーブオイル…大さじ1/2
ブラックペッパー…適量

作り方

1 ホットサンドメーカーにオリーブオイルを入れ、中火でソーセージハムを炒め、
2 目玉焼きを焼く。ブラックペッパーをふってからパンで挟み、ホットサンドメーカーに戻して両面じっくりと焼く。

ツナサンド

材料（1人分）

食パン…2枚
ツナ缶…大さじ1
ブラックオリーブ…大さじ1
セロリ…¼本
マヨネーズ…適量

作り方

1　ツナ缶、ブラックオリーブ、スライスしたセロリ、マヨネーズをパンで挟み、ホットサンドメーカーに入れて両面じっくりと焼く。

ハムサンド

材料（1人分）

食パン…2枚
ロースハム…2枚
タマネギ…スライス1枚
オリーブオイル…大さじ2
ブラックペッパー…適量

作り方

1　ホットサンドメーカーにオリーブオイルを入れ、中火でロースハムとタマネギを炒める。

2　ブラックペッパーをふってからパンで挟み、ホットサンドメーカーに戻して両面じっくりと焼く。

焼きバナナ フレンチトースト

作り慣れていない人にとって
デザートはちょっとハードルが高い。
でも、これさえ覚えておけば大丈夫。
パンに細かく包丁目を入れてから作ると
短時間で仕上がり、失敗もありません。
蓋をして蒸し焼きにするのが、
ふっくらと仕上げるためのコツです。

材料（2人分）

イギリスパン…2枚
バナナ…2本
卵…2個
牛乳…½カップ
生クリーム…½カップ
砂糖…大さじ2
バター…20g
シナモンパウダー…適量
メイプルシロップ…適量

作り方

1 弱火の熾火で、パンを両面網焼きにする。
2 卵と砂糖をボウルに入れてよく溶き、牛乳、生クリームを加えて、さらに混ぜる。
3 バットに並べた1に2をかけて浸し、じっくりと染み込ませる。串などで数回刺すと早く染み込む。
4 スキレットを中火の熾火にかけてバターを溶かし、3とバナナを入れて蓋をして焼く。
5 片面3分ずつ焼き、ほどよく焦げ目をつける。皿に盛り、バナナをソース代わりにのせ、シナモンパウダーをふりいただく。好みでメイプルシロップをかけてもいい。

Point

蓋をして上下火でローストすることで、ふっくら焼き上がる。

ホイル焼き フライドヌードル

焼きそばは嫌いな人がいない
アウトドアの定番料理です。
鉄板で作っても美味しいけど、
ホイルで作れば旨味を逃さず、
後片付けも楽なんです。
具と味を変えれば
ナポリタンにも変身！

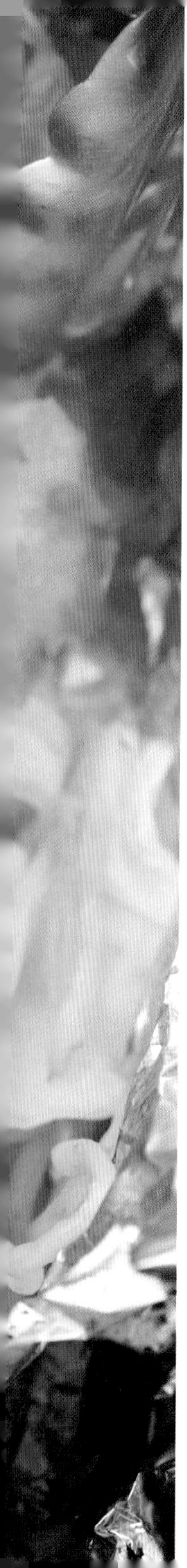

材料（4人分）

焼きそば麺…2玉
キャベツ…4枚
豚バラスライス…100g
エビ…5尾
白ゴマ油…大さじ2
オイスターソース…大さじ2
塩…適量

作り方

1 アルミホイルを広げ、刻んだキャベツ（全体の2/3）、豚バラを敷き詰め、麺をのせる。

2 エビを塩小さじ1とゴマ油でよく和えて1にのせる。残りのキャベツをのせ、オイスターソースを全体にかける。

3 上からもう1枚アルミホイルをかぶせ、しっかりと包む。

4 熾火の上に置き、焼き始める。ほどよく燃えた薪を上にのせ、上下火で10分くらい蒸し焼きにする。具材に火が入ったら最後に全体をよく混ぜて完成。

キャンプファイヤーブレッド

アラスカの荒野で出会った
アメリカ人の焼いていたパンが
あまりに美味そうで、
以降、すっかり定番化しました。
「焚き火でパンを焼くなんて難しそう」
と思われるかもしれません。
でも分量をきっちりと量り、
正しい手順さえ踏めば、
誰だって美味しく作れるんです。
まあ、ちょっとくらい
焦げたってご愛嬌でしょう。

材料（4人分）

小麦粉（強力粉）…360g
コーングリッツ…40g
ドライイースト…6g
バター…20g
砂糖…大さじ2
塩…小さじ1
ぬるま湯…小さじ180㎖

作り方

1 大きな鍋かボウルに小麦粉、コーングリッツ、塩、刻んだバター、砂糖を入れ、砂糖の脇にドライイーストを入れる。

2 1カップのぬるま湯をドライイーストにかけるように少しずつ加え、指5本でゆっくり混ぜる。

3 引き続き、ぬるま湯を少しずつ加えながらこねて混ぜ、生地をまとめていく。

4 打ち粉として小麦粉を手に取りながらこねて、ちぎって、叩いて、こねてを繰り返し、最低15分はこねる。

5 生地を丸くまとめて、フキンやラップをかけ、焚き火の脇など暖かいところで倍くらいの大きさに膨らむまで発酵させる。

6 オニギリくらいの大きさに分けて、バットなどに並べ、ラップし、暖かいところで30分ほど2次発酵させる。

7 小麦粉を馴染ませたダッチオーブンに並べ、蓋をして上下から薪でローストし15分くらい焼き上げる。

Point

冬場のアウトドアでは気温が低くて発酵しづらい。2次発酵までは自宅で済ませてくるとスムーズ。

お好み焼き

ホットサンドメーカーさえあれば
鉄板がなくても簡単に
お好み焼きが作れます。
なんだか少し食べ足りない。
そんな時に残った肉や魚介を
なんでも消費できる便利なメニュー。
焼きたての熱々をどうぞ。

材料（1人分）

豚バラスライス…50g
キャベツ…80g
揚げ玉…大さじ1
小麦粉…½カップ
卵…1個
白ダシ…小さじ1
お好み焼きソース…適量

マヨネーズ…適量
青ノリ…適量
カツオ節…適量
紅ショウガ…適量

作り方

1　ボウルで卵を溶き、小麦粉、揚げ玉、白ダシを入れてかき混ぜて生地を作る。大きめのざく切りにしたキャベツも加える。

2　ホットサンドメーカーに半分に切った豚バラを3枚並べ、1の生地を流し入れる。上に残りの豚バラ肉を挟むように並べて、蓋をして両面じっくり焼く。

3　焼き上がったらソース、マヨネーズ、青ノリ、カツオ節をかけ、紅ショウガを添える。

Point

豚バラで挟み込むと、豚バラの油で焦げつきづらくなる。お好みでキャベツをネギにしたり、醤油で食べるのもあり。

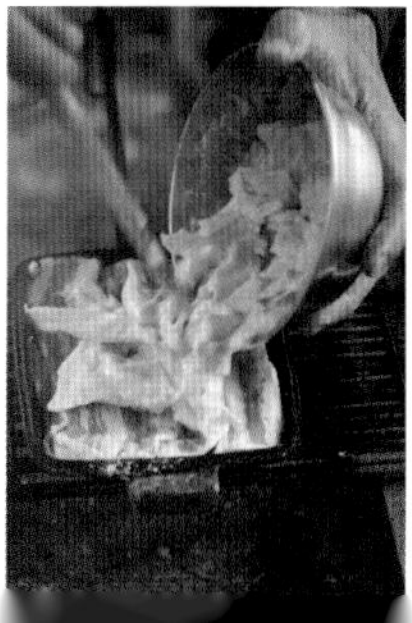

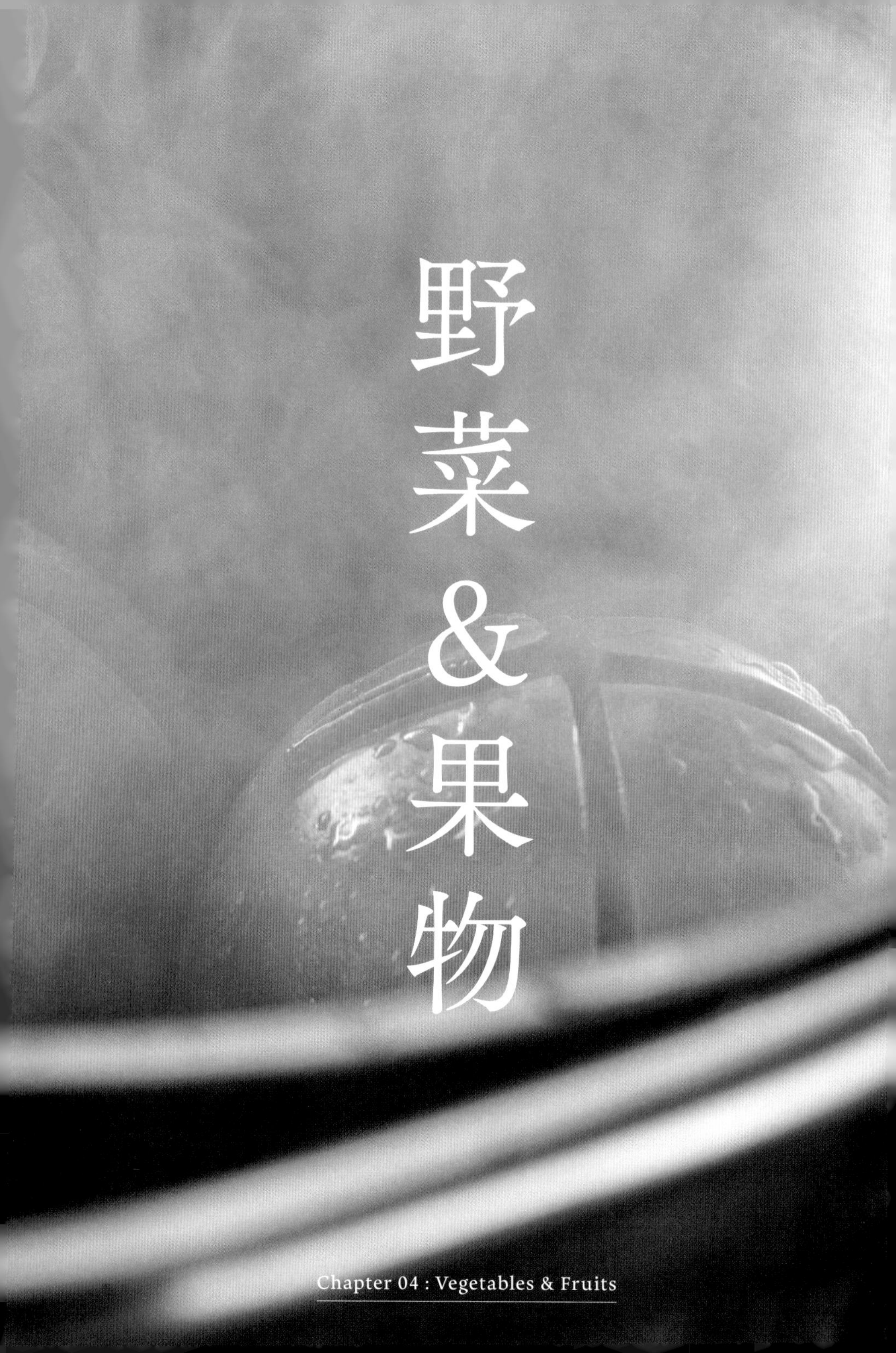

野菜&果物

Chapter 04 : Vegetables & Fruits

野菜や果物を焼くと
食材本来の旨味が
ギュッと凝縮されます。
野菜を使う料理は
食感や色味を意識する
こともポイントです。

ローストオニオンスープ

タマネギに敬意と愛を。
シンプルに食材ひとつを主役にして
手間暇かけたスープ。
中までほどよく煮えたら、
香ばしさを加えるために
フタの上にも薪をのせて
オーブン焼きにしました。
火加減の練習にもぴったり。

材料（4人分）

タマネギ…4個
クミンシード…適量
塩…大さじ1
水…2ℓ

作り方

1 タマネギの皮を剥き、ヘタ側を切り落としてダッチオーブンに並べる。
2 タマネギの上にクミンシードと塩をひとつまみずつのせる。タマネギが半分隠れるくらいまで水を入れ、中火で煮込む。蓋の上にも燃えた薪をのせ、上下同じくらいの火力で30分じっくりローストする。

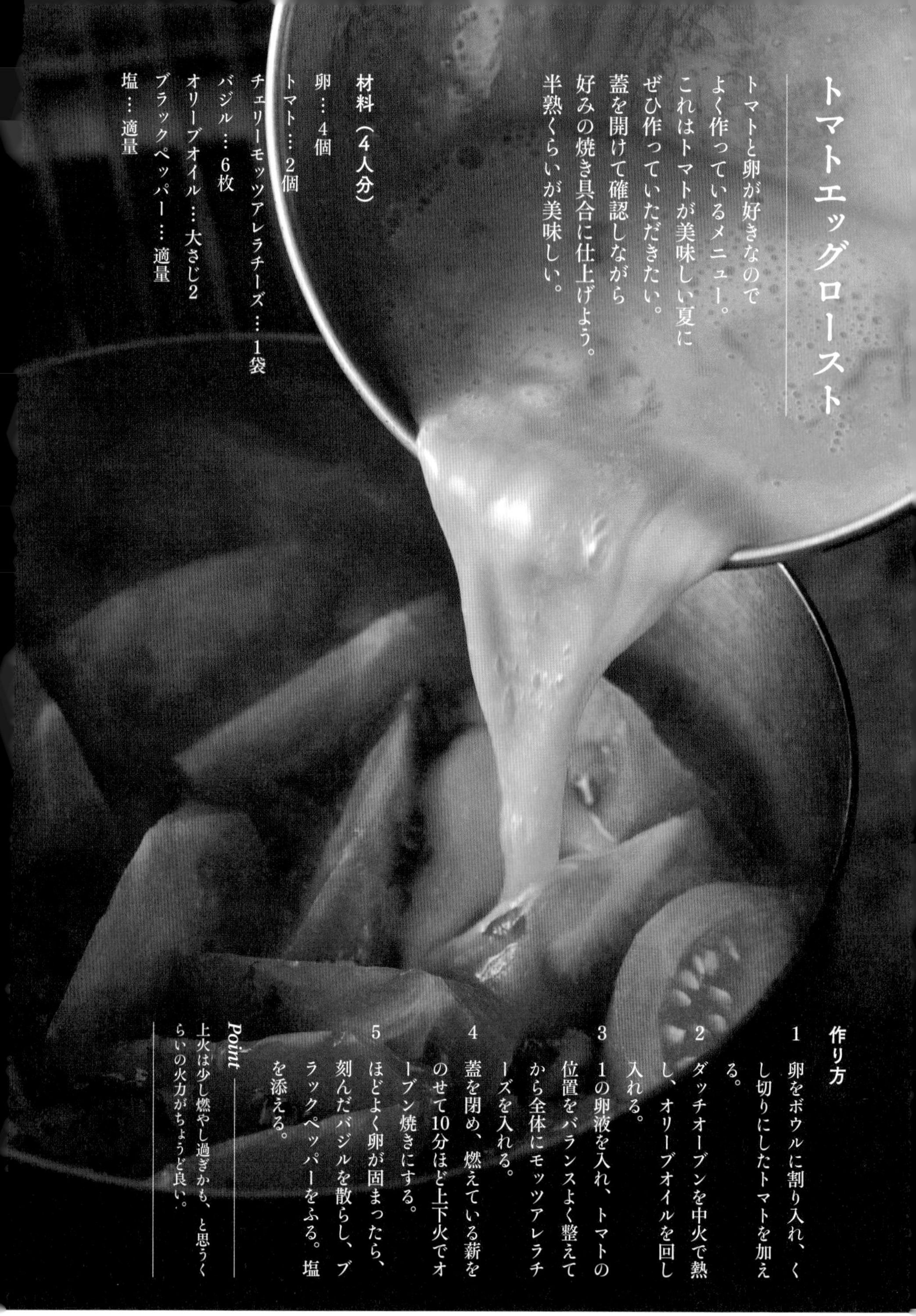

トマトエッグロースト

トマトと卵が好きなのでよく作っているメニュー。これはトマトが美味しい夏にぜひ作っていただきたい。蓋を開けて確認しながら好みの焼き具合に仕上げよう。半熟くらいが美味しい。

材料（4人分）

卵…4個
トマト…2個
チェリーモッツアレラチーズ…1袋
バジル…6枚
オリーブオイル…大さじ2
ブラックペッパー…適量
塩…適量

作り方

1 卵をボウルに割り入れ、くし切りにしたトマトを加える。
2 ダッチオーブンを中火で熱し、オリーブオイルを回し入れる。
3 1の卵液を入れ、トマトの位置をバランスよく整えてから全体にモッツアレラチーズを入れる。
4 蓋を閉め、燃えている薪をのせて10分ほど上下火でオーブン焼きにする。
5 ほどよく卵が固まったら、刻んだバジルを散らし、ブラックペッパーをふる。塩を添える。

Point

上火は少し燃やし過ぎかも、と思うくらいの火力がちょうど良い。

調理法▶グリル、直置きグリル　／　調理道具▶グリル網

グリルド シーザーサラダ

BBQ料理では定番のレシピ。
レタスにサッと火を入れて、
焦げ味と香りを引き出す。
これがスパイス効果を生み、
焚き火料理ならではの
アクセントになるのです。
応用すれば別の野菜でも
香ばしいサラダが味わえます。

材料（4人分）

ロメインレタス…1個
塊ベーコン…150g
赤タマネギ…½個
バゲット…¼本
ブラックオリーブ…50g
パルメザンチーズ…10g
マヨネーズ…30mℓ
ヨーグルト…30mℓ
ブラックペッパー…適量
塩…適宜

作り方

1 熾火にした薪の上で、ベーコンとスライスしたバゲットの両面を焼き、ひと口大にカットする。

2 タマネギを輪切りにして両面を焼く。縦4等分に切り分けたレタスをさっと焼き、全体に焦げ目をつけて切り分ける。

3 皿に盛り、ブラックオリーブを散らす。パルメザンチーズをすりおろしてかける。

4 マヨネーズとヨーグルトを混ぜて全体にかけ、ブラックペッパーをふる。

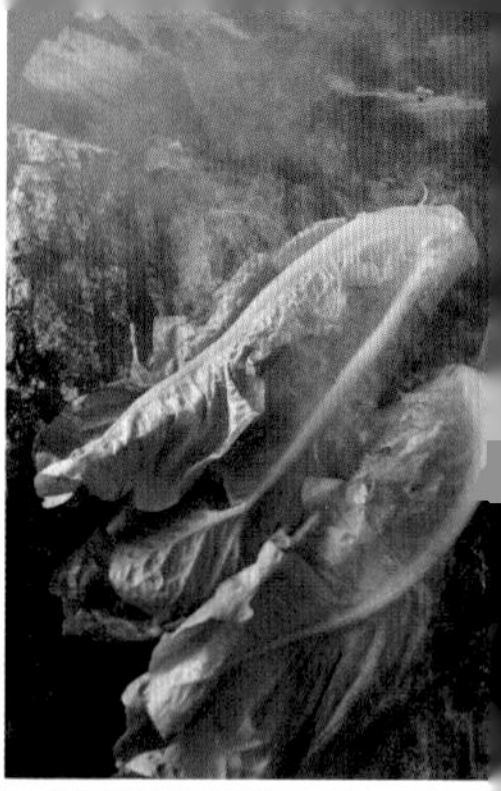

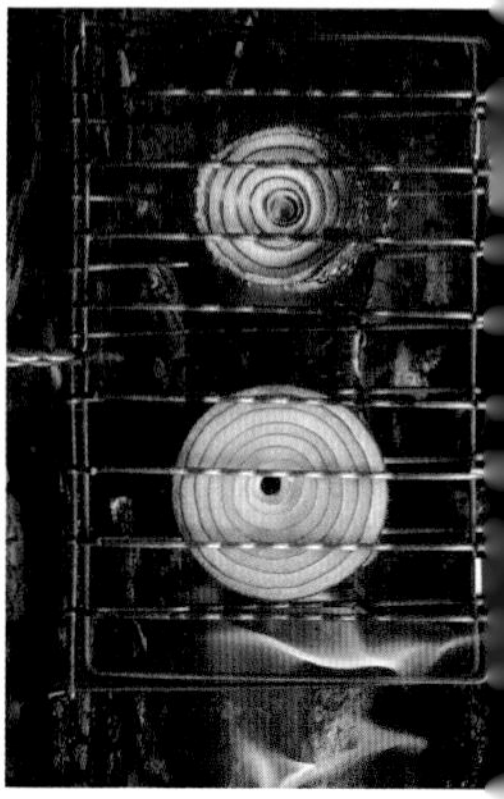

ローストガーリックマッシュルーム

マッシュルーム好きなので、
本書には2つのレシピを盛り込みました。
万能な食材ですが、
食材本来の味が楽しめるよう
シンプルにまとめています。
油と食材を足して
アヒージョにするのも美味。

材料（4人分）

マッシュルーム…2パック
ニンニク…2かけ
鷹の爪…1本
パセリ…3本
バター…40g
ブラックペッパー…適量
塩…適宜

作り方

1 マッシュルーム、刻んだニンニク、バター、鷹の爪を厚手のアルミホイルで二重に包む。

2 中火の熾火にかけ、途中でホイルを左右に揺すりながら蒸し焼きにする。

3 皿に盛り、刻んだパセリ、ブラックペッパーをたっぷりふりかける。

調理法▶ホイル焼き　／　調理道具▶アルミホイル

トマトのクリスタルスープ

トマトはそのまま
サラダで食べてもいいけれど、
火を通すと違った美味しさに。
トマト好きならぜひ試して欲しい
お手軽メニューです。
水は使わず、水分はトマトのみ。
ダッチオーブンを焚き火にかけ、
水分と旨味を引き出すことで
極上のスープに仕上がります。

材料（4人分）

トマト…5個
ホワイトマッシュルーム…1パック
塩…大さじ½

作り方

1　トマトのヘタを切り落とし、十字に切り込みを入れ、断面に塩をふってからダッチオーブンに並べる。

2　マッシュルームを半分に切り、中火の熾火で網焼きにして1に加える。

3　蓋をして弱火の熾火でじっくりと煮込み、野菜から旨味を引き出す。

4　塩で味を調えていただく。

焼きカブとソーセージのスープ

野菜がたっぷりととれて体も温まるこのスープは、本書の中でも個人的におすすめ上位レシピです。焦げ目をつけたカブの甘みとジューシーなソーセージがシンプルに美味い。大根とベーコンでも代用することができます。

材料（3人分）

カブ…大3個
ソーセージ…3本
タマネギ…½個
セロリ…1本
ニンジン…1本
オリーブオイル…大さじ2
ナツメグ…少々
ローリエ…1枚
ブラックペッパー…適量
塩…適量
水…1ℓ

作り方

1 タマネギ、セロリ、ニンジンをひと口大に切る。切れ端は細かく刻む。
2 オリーブオイルと1をダッチオーブンに入れ、中火の熾火にかけて炒める。タマネギが透き通ってきたら、水1ℓ、ローリエを加えて蓋をして10分煮込む。
3 4等分にカットしたカブとソーセージを網で焼く。
4 しっかり焼き目がついたら2に入れ、ナツメグ、ブラックペッパーを加えて10分ほど煮込む。塩で味を調える。

調理法▶直置きグリル　／　調理道具▶8インチ スキレット

焼きナスのトマトソース

この本を作ることになった時に、
まず入れたいと思い浮かんだのが
焼きナスのメニュー。
網焼きではなく、燃えている薪に
直にのせて焼くという、
手法を楽しんでみました。
真っ黒になっても皮を剥けばいいので
失敗がありません。
トマトとの相性は抜群です。

材料（4人分）

ナス…4本
トマトピューレ…1パック（100g）
ニンニク…1かけ
タイム…数本
オリーブオイル…大さじ2
ブラックペッパー…適量
塩…適量
水…40㎖

作り方

1 ナスを熾火の薪にのせ、まんべんなく皮が焼け焦げるようじっくり焼く。

2 スキレットに潰したニンニク、オリーブオイルを入れ、中火の熾火で熱する。オイルに香りを移しつつ、ほどよくニンニクを焼く。

3 トマトピューレ、タイム1本、水40㎖を加え、かき混ぜながら5分ほど煮込み、塩で味を調える。

4 トマトソースを皿に広げ、焼けた皮を剥いたナスを並べる。ブラックペッパーをふる。

スモーキーグリルドキャロット

甘くて彩のいいニンジンが手に入ったならば、焚き火の力を生かしてシンプルに仕上げましょう。味付けはオリーブオイルと塩があれば十分。細かくカットせず、形を残すのもポイント。肉料理との相性も抜群です。

材料（4人分）

ニンジン…4本
菜花…6本
レモン…½個
アーモンド…6個
オリーブオイル…大さじ3
ブラックペッパー…適量
塩…適量

作り方

1 ニンジンを中火の熾火で網焼きして、中まで火を通す。菜花も焼く。

2 火が通ったら、ニンジンを炭の上に直置きし、表面に焦げ目をつける。

3 ニンジンを縦に切り、オリーブオイル、菜花とともに、中火の熾火で熱したスキレットへ。オイルと野菜を絡めるようにさっとソテーし、全体に塩をふる。

4 レモンを絞り、ブラックペッパーをふる。砕いたアーモンドをちらす。

焼き粒コーンスープ

コーンスープは昔から大好きな料理のひとつ。コーンを香ばしく焼き、マッシュルームの旨味をプラスしました。トウモロコシの季節には、皮ごと焼いた粒を使って作って欲しい一品です。冷たくしてもいけます。

材料（4人分）

コーン缶…1缶（190g）
マッシュルーム…1パック
バター…30g
牛乳…2½カップ
顆粒片栗粉…大さじ2
パセリ…大さじ1
ホワイトペッパー…ひとつまみ
塩…適量

作り方

1 細かく刻んだマッシュルームと水分を切ったコーン、バターをスキレットに入れ、中火の熾火で焦げ目がつくまで炒める。

2 牛乳とコーン缶の汁を入れ、温まる前に混ぜながら顆粒の片栗粉を加える。

3 ホワイトペッパーをふり、塩で味を好みに調整する。刻んだパセリをちらす。

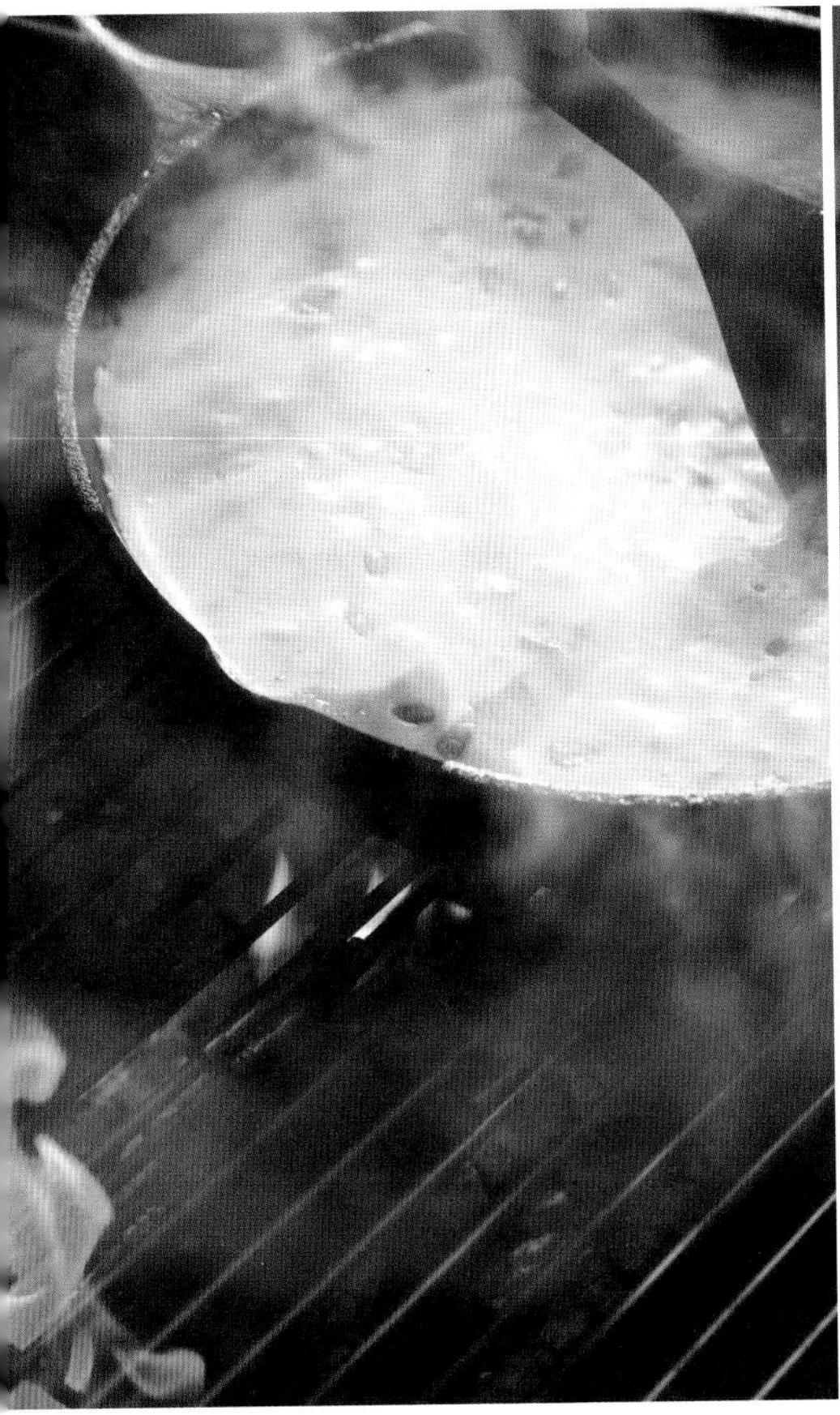

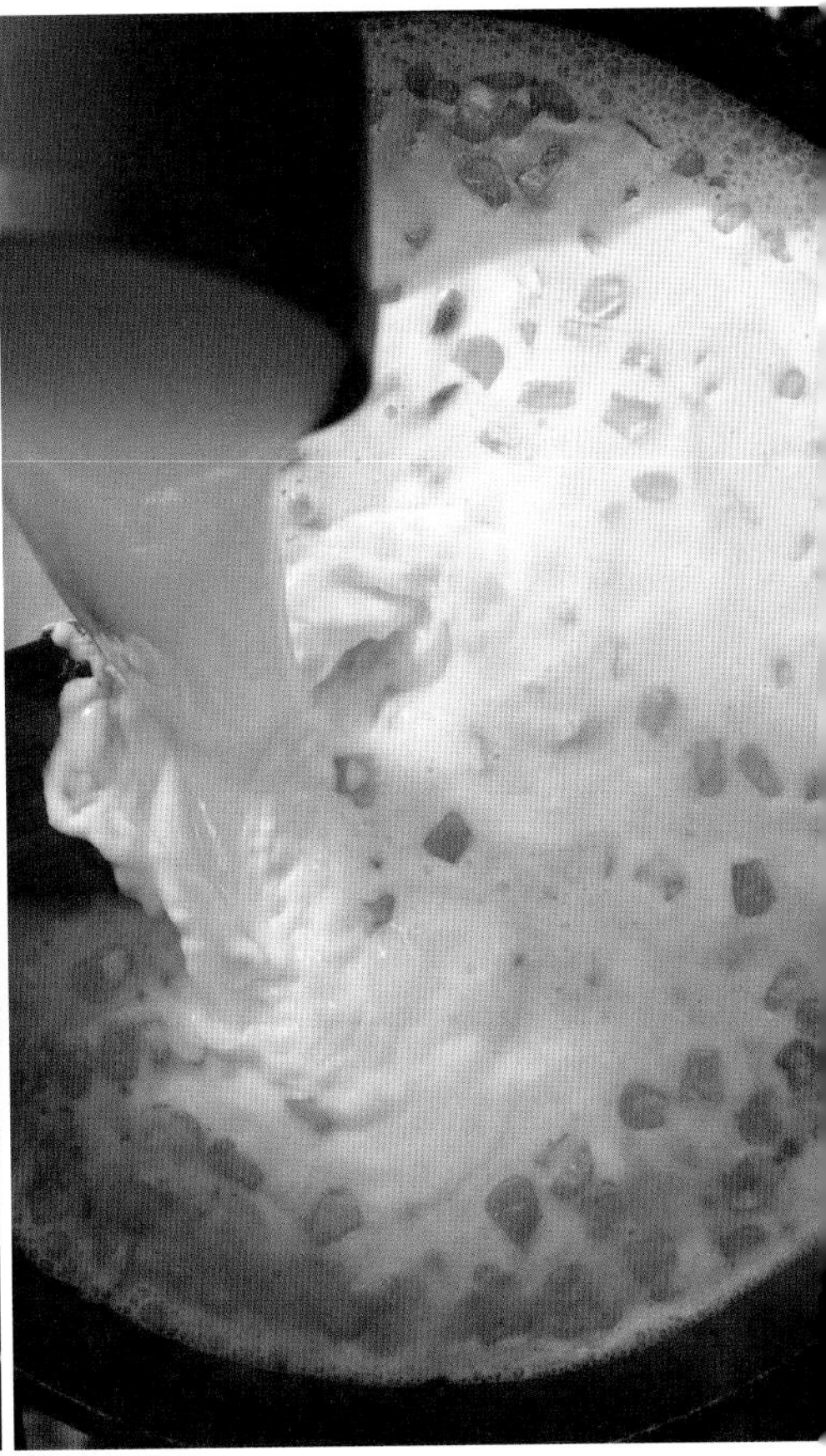

Point

ふりかけるだけでとろみがつけられる顆粒状の片栗粉「とろみちゃん」。水溶き片栗粉を作る手間がなく、失敗知らず。キャンプにも自宅にもおすすめ。

ローストブロッコリーのアンチョビチーズ

ブロッコリーとアンチョビは、アウトドア料理でなにかと役立つ優れもの。これは冷めてもサラダとして食べられます。もしも残ったら卵焼きに刻んで加えたり、パスタにアレンジしても美味しい。

Point

上火にはしっかりと燃えている薪をのせると、はっきり焦げ目がつく。

材料（4人分）

ブロッコリー … 1個
赤パプリカ … 1個
アンチョビフィレ … 3枚
ニンニク … ひとかけ
カッテージチーズ … 適量
オリーブオイル … 大さじ2

作り方

1 ブロッコリーを小分けにする。赤パプリカはヘタとタネを取り除いて、大きめに切り分ける。

2 ブロッコリー、赤パプリカをダッチオーブンに並べ、刻んだニンニク、アンチョビを上にのせる。全体にオリーブオイルをかける。

3 蓋をして燃えた薪をのせ、上下から15分ほどローストする。

4 火が通ったら、カッテージチーズを入れる。

調理法▶グリル、杉板焼き　／　調理道具▶グリル網、杉板

焼き野菜と焼き味噌

工程はトマトとパプリカをスライスして焼くだけ。野菜は焼くことで旨味と甘味が引き出され、時にメインを凌駕します。焼きたても冷めてもいけます。ソース代わりにもなるので、肉や魚のメイン料理と一緒にサーブするのもおすすめ。

Point

杉板ごと味噌を焼くことで、杉の良い香りが味噌に移る。杉板はホームセンターなどのものをカットして使う。

材料（4人分）

トマト…2個
赤パプリカ…1個
黄パプリカ…1個
レモン…½個
パセリ…2本
味噌…100g
オリーブオイル…大さじ1
ブラックペッパー…適量
塩…適量

作り方

1 トマトとパプリカを輪切りにし、中火の熾火で両面を焼く。

2 杉板に味噌を厚めに塗り、表面を炙り焼きにする。

3 レモンの皮をすり下ろし、刻んだパセリとオリーブオイル、塩を混ぜ合わせてソースを作る。

4 焼いた野菜を皿に並べ、2と3をかける。ブラックペッパーを全体にふる。

調理法▶グリル、ソテー　／　調理道具▶ベジタブルバスケット、8インチ スキレット

焼きキノコのクリームチーズソース

キノコを直火で焼くことが、
最高のスパイスになります。
子供も喜ぶバターチーズの
クリームソースに酸味の効いた
ドライトマトがアクセント。
太めのパスタにぴったりだし、
ダッチオーブンに入れて
オーブン焼きにすれば、
グラタンにもアレンジできます。

材料（4人分）

エリンギ…2本
マッシュルーム…1パック
ドライトマト…2枚
ピザ用チーズ…100g
バター…30g
ローリエ…1枚
イタリアンパセリ…2本
ブラックペッパー…適量
塩…適量

作り方

1 フライパンを中火で熱しバターを溶かし、生クリームとチーズ、ローリエを加える。
2 エリンギ、マッシュルームを切り分ける。ベジタブルバスケットに入れ、全体に塩をふり、中火の熾火で焼く。
3 キノコを1のソースの上に盛り、刻んだドライトマト、パセリ、ブラックペッパーをふる。

グリルドガーリックスープ

香ばしいニンニクの香りとパプリカの鮮やかな赤が、嗅覚と視覚を刺激して食欲が増す。食べると思わず笑顔になり元気になれる簡単スープです。シンプルな構成にしたので、お好みの具材を足すのもあり。

材料（4人分）

ニンニク… 中1個
卵… 4個
オリーブオイル… 大さじ2
ブイヨン… 1袋
パプリカパウダー… 大さじ1
イタリアンパセリ… 適量
ローリエ… 1枚
鷹の爪… 1本
ブラックペッパー… 適量
塩… 適量
バゲットスライス… 適量
水… 750mℓ

作り方

1 ニンニクの半量の皮を剥き、みじん切りにする。

2 ダッチオーブンに1とオリーブオイル、パプリカパウダー、鷹の爪、ローリエを入れ、弱火の熾火にかけてじっくりと香りを引き出す。

3 残り半分のニンニクは皮付きのまま網焼きにする。

4 2に水750mℓとブイヨンを加え、中火の熾火で温め、塩で味を調える。

5 卵を割り入れ、引き続き温める。脇でバゲットを両面網焼きする。

6 3の皮を剥いてスープに入れ、ブラックペッパーをふり、イタリアンパセリを添えてバゲットと一緒にいただく。

グリルドアスパラ&ポテト

北海道の友人に送ってもらう
旬のアスパラガスとジャガイモは
本当に美味しい。
脇役になりがちな野菜だけれど、
自分が大好きな食材なので
主役に抜擢してみました。
丁寧に、焼くこと自体を楽しんで。

材料（4人分）

ジャガイモ…2個
アスパラガス…6本
ニンニク…1かけ
パン粉…½カップ
バター…20g
イタリアンパセリ…1本
ブラックペッパー…適量
塩…適量

作り方

1 ジャガイモを6等分に切り、沸騰したお湯で7分ほど茹でる。
2 アスパラガスの根本の皮を剥き、ジャガイモと共にオリーブオイルと塩を絡め、焦げ目がつくまで網焼きにする。
3 隣で小スキレットに刻んだニンニク、バター、パン粉を入れ、中火で熱して少し焦がしてソースを作る。
4 焼いた野菜を皿に並べ、2と刻んだイタリアンパセリ、ブラックペッパーをかける。

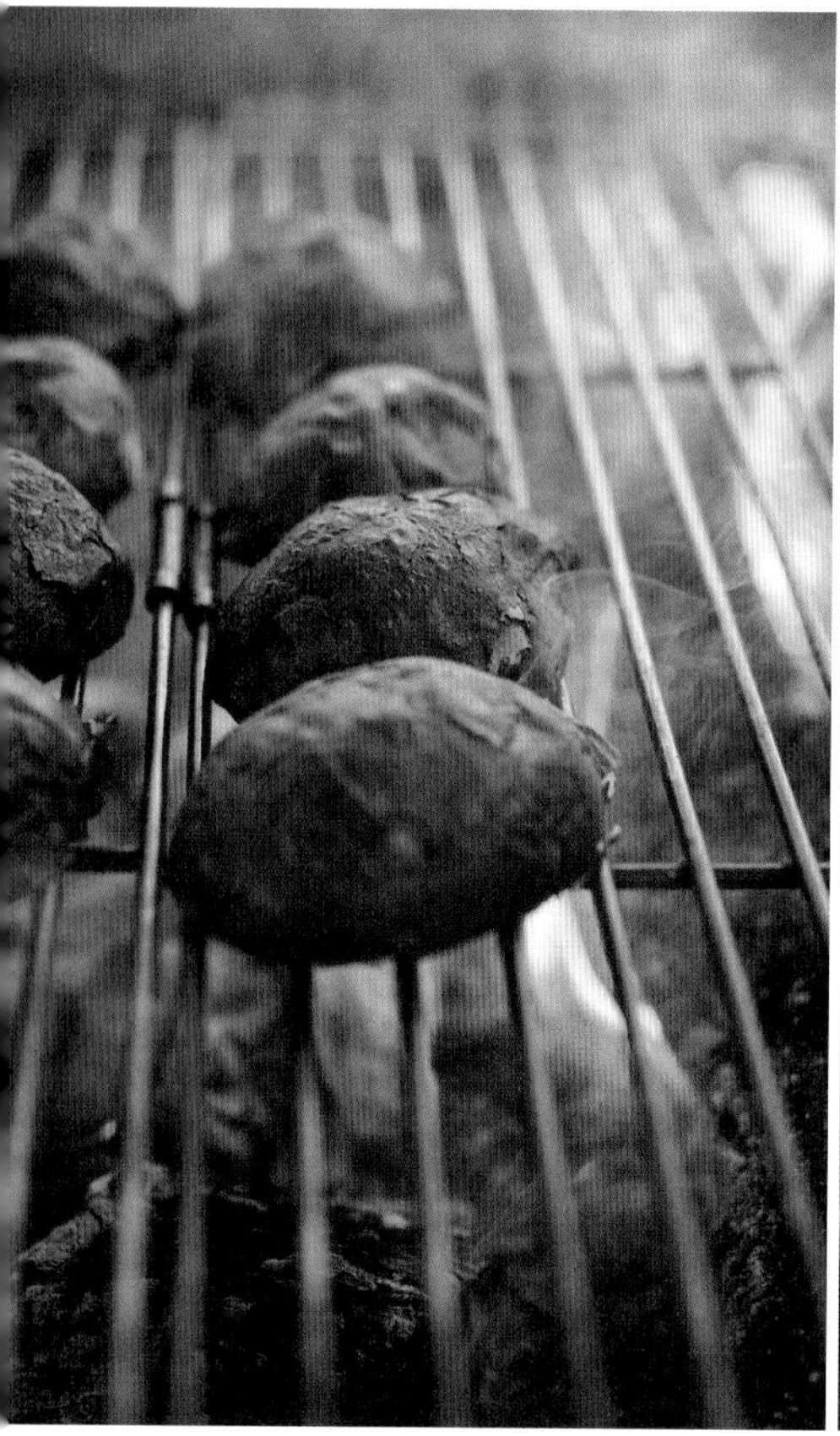

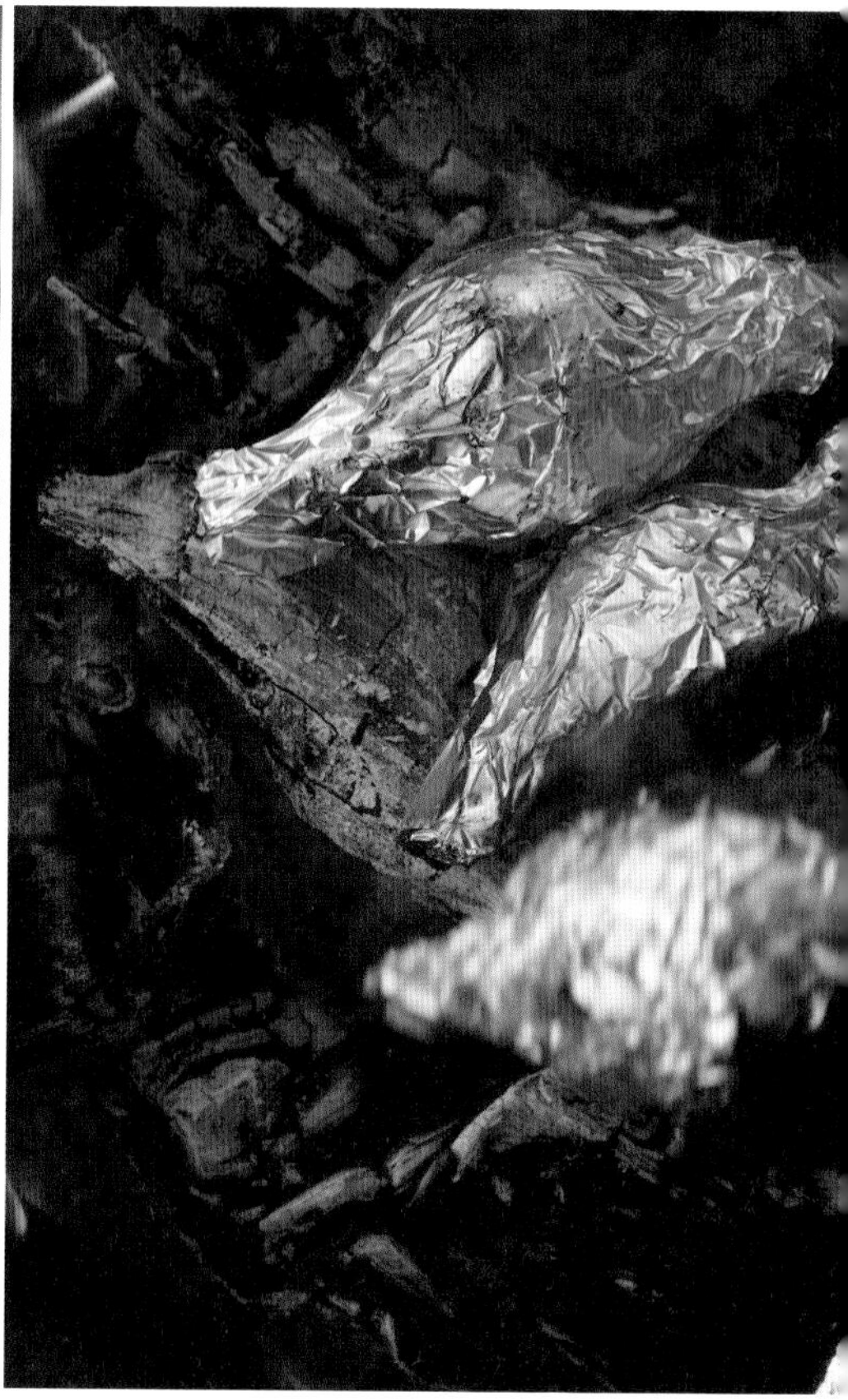

塩焼き芋

焼き芋は焚き火の定番料理。
放っておくとすぐに
焦げてしまいます。
火加減を見ながら
丁寧にじっくりホクホクに
焼き上げましょう。
余ったら、バターや牛乳、
生クリームなどで和えて
ペースト状にして、
パンに塗っても絶品です。

材料（4人分）

サツマイモ…4個（小ぶりなもの）
グラニュー糖…適量
塩…適量

作り方

1 サツマイモをホイルで二重に包み、熾火でじっくり焼く。

2 皮にほどよく焦げ目がついたら、半分にカットする。断面にグラニュー糖をまぶし、網の上で焦げ目がつくまで焼く。

3 塩を添えていただく。

Point

ホイルに包んでも案外焦げやすいので、気を抜かず、丁寧に面倒をみてあげよう。

アップルタルタル

甘いものを食べたい。
でも、たくさんはいらない。
そんな時には、これです。
キャンプ料理の大定番
焼きリンゴのようだけど、
ひと味違う洒落た
タルタルスタイルで。
ポークステーキのソースや
アイスに添えてもどうぞ。

材料（4人分）

リンゴ…1個
小麦粉…½カップ
バター…40g
ラム酒…大さじ1
シナモンパウダー…適量
砂糖…大さじ3

作り方

1 刻んだバター20gと小麦粉、砂糖大さじ1をスキレットの中でよくこね、鍋底一面に広げる。中火の熾火にかけ、崩しつつ焦げ目がつくまで焼く。

2 1をバットに移し、スキレットを再び中火の熾火にかけ、残りのバターを溶かす。シナモンパウダー、ラム酒、残りの砂糖を混ぜてソースを作る。

3 リンゴを1㎝ほどの厚みにスライスし、タネを取り除き、中火の熾火で両面網焼きにする。2のソースをつけながら焼く。

4 焼けたリンゴを細かく切り、皿に並べる。1を粉々に崩して添え、シナモンパウダーをふる。

Point

カリカリサクサクの食感が残るよう、食べる直前に合わせるといい。ビスケットやショートブレッドでも代用できるが、やはり焼きたてが美味しい。

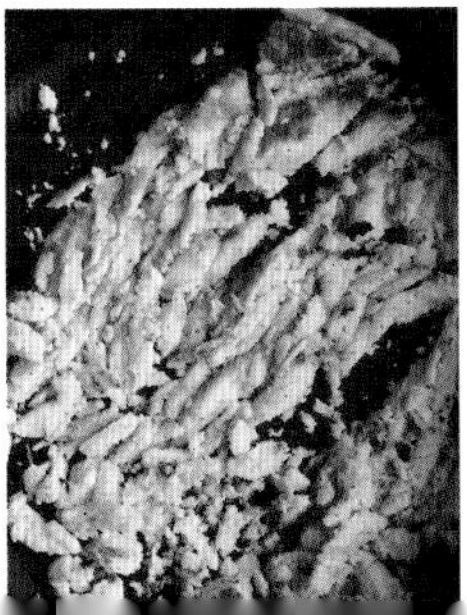

焼きパイナップル

焚き火料理のデザートは？
と問われたら答えはこれ。
焼くだけで酸味が和らぎ
不思議と甘味が倍増します。
マスカルポーネは
焼いた果物との相性が抜群。
パイナップルの酵素が
肉を食べたあとの胃腸を
さっぱり整えてくれます。

材料（4人分）

パイナップル…½個
マスカルポーネ…適量
グラノーラ…ひとつまみ
ミント…適量
ラム酒…大さじ1
シナモンパウダー…ひとつまみ
グラニュー糖…ひとつまみ

作り方

1 くし切りにしたパイナップルにラム酒をかけて網焼きにする。

2 焼き上がったら一口大に切り分け、皿に盛る。

3 グラノーラ、ミント、グラニュー糖を全体にちらし、マスカルポーネを添える。仕上げにシナモンパウダーをふりかける。

惣菜3種

焚き火料理の副菜として、箸休めや口直しの役割を担う惣菜があると便利。事前に自宅で作っていけば簡単に1品増やせるので、食卓がさらに充実します。市販されているマリネ液など、混ぜるだけの調味料も活用してみましょう。

パプリカピクルス

パプリカピクルス

材料（8人分）

赤パプリカ…1個
黄パプリカ…1個
ピーマン…2個
クローブ…3個
ローリエ…1枚
唐辛子…1本
ワインビネガー…大さじ4
砂糖…大さじ1
塩…大さじ1
水…300mℓ

作り方

1 パプリカ、ピーマンを一口大に切り分けてボウルに入れ、塩を大さじ1加えて全体を和え、10分ほどなじませる。

2 鍋に水、砂糖、クローブ、ローリエ、唐辛子を入れ、中火で熱して砂糖を溶かす。溶けたらしばらく冷ましておく。

3 野菜と2のピクルス液を混ぜ、ワインビネガーを加え、好みの酸味に調整する。

4 瓶に入れて一晩漬ける。翌日、酸味と塩味を調整し仕上げる。

コールスロー

材料（4人分）

キャベツ…½個
ニンジン…小½個
コーン缶…1缶
クリームチーズ…20g
マヨネーズ…大さじ1
ブラックペッパー…小さじ1
塩…小さじ1

作り方

1 キャベツを粗みじん切りにし、同じようにニンジンも切る。
2 ボウルに塩、マヨネーズ、クリームチーズとともに入れ、よく混ぜる。
3 水分を切ったコーンを加え、よく混ぜ合わせる。ブラックペッパーをふって味見をし、必要なら塩で調整する。

キャロットラペ

材料（4人分）

ニンジン…大1本
ワインビネガー…大さじ2
白ゴマ油…大さじ1
粒マスタード…小さじ1
クミンシード…小さじ½
ブラックペッパー…小さじ½
塩…小さじ1

作り方

1 ニンジンを薄くスライスし、千切りにしてボウルに入れる。スライサーなどを使うと早い。
2 塩、クミン、粒マスタードを入れてよく混ぜ、ワインビネガーを加えて好みの酸味に調整する。
3 白ゴマ油を加えてよく混ぜ、ブラックペッパーをふる。

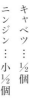

上達のコツ

台所と違い、状況が一定ではない野外では、ちょうどいい火加減や調理時間は刻々と変わる。とにかく経験を重ねて対応するしか、上達の道はない。しかし、思い通りに火が操れるまでの過程を楽しめれば、焚き火と料理の技術は自然と身につくだろう。

焚き火の経験を重ねる

なんとなく燃やすのではなく、毎回明確なテーマを持って火を焚こう。肉の塊を美味しく焼く回、ご飯を上手に炊く回など、テーマは1つに絞る。その経験を重ねるうちに、食材や環境に合った火の操り方が身についてくる。

小さめの肉が最適な練習相手

肉を美味しく焼くコツはじっくり取り組むこと。まずは小さめの肉を上手に焼くことを目標とし、少しずつ大きくして火加減に慣れていくといい。薄切り肉には塊肉とはまた違う難しさがある。上達するまで練習あるのみ。

適度な焦げ味は旨味と考える

スモーキーな香りと焦げ味を堪能してこその焚き火料理。本書では焦げも一種のスパイスとしてレシピに生かしている。多少の焦げは気にする必要はないので、焦げを怖がらずに焼こう。

薪は広葉樹を選ぶ

杉やヒノキなど針葉樹の薪は手に入りやすいが、柔らかく燃焼時間が短いので、焚き火料理には不向き。料理に使うなら、硬く、ゆっくり燃えるナラやブナなどの広葉樹が使いやすい。ナラは薪も炭も香りが良くお気に入り。

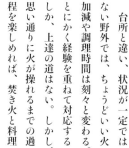

風や気温も計算に入れる

焚き火料理は気象条件に大きく左右され、毎回正解が変わる。無風で暖かい日と強風で寒い日では当然、火加減や調理時間が異なる。特に道具や材料が冷えてしまう冬はハードルが高い。始めるなら春秋からがベストだ。

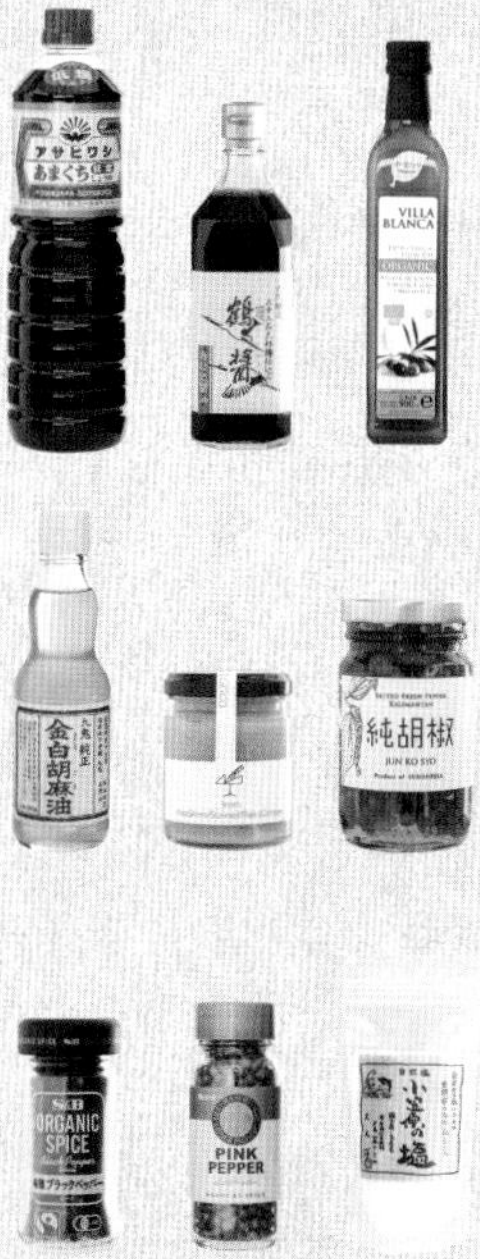

調味料にこだわってみる

調味料にこだわりを持つと、料理に広がりが生まれて、楽しみが増える。旅先で見つけた塩や醤油など、最初はなんでもいい。自慢の調味料を持とう。塩気は味の基本なので、特に塩にはこだわりたい。そんなに高くないしね。

焦がしやすい状況を把握する

食材によって焼け方はさまざまなので、目を離さず見極めたい。焦げる目安のひとつが水分。米やパンは水分がなくなった瞬間に焦げ始める。音や香りが急に変わった時も焦げのサインなので、見逃さないよう。

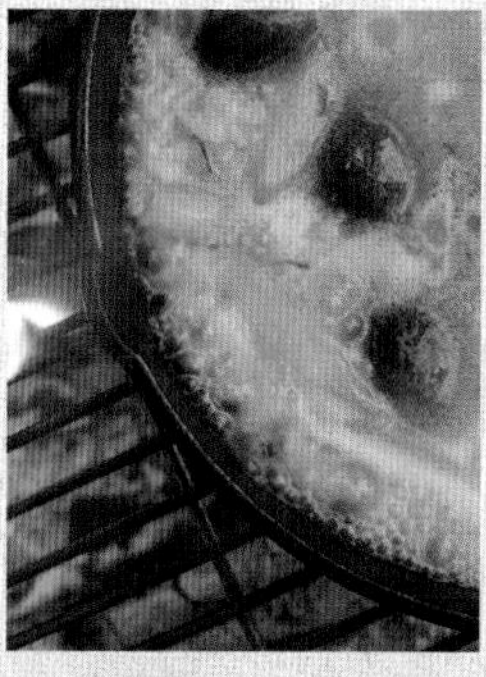

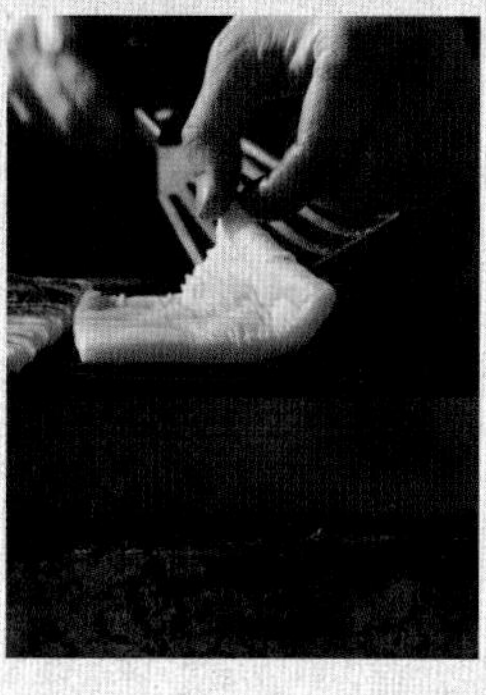

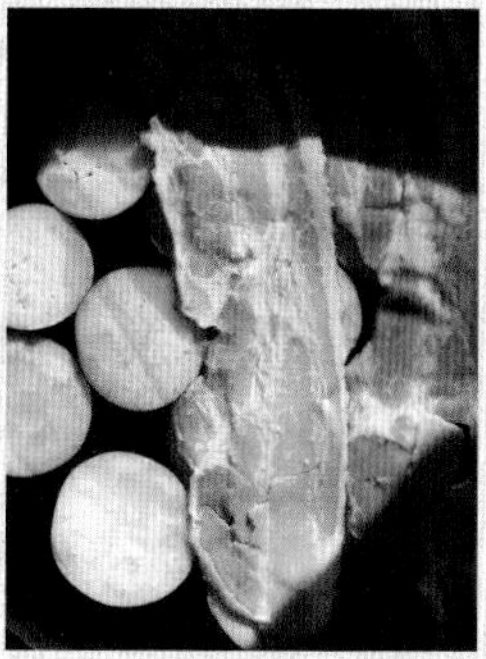

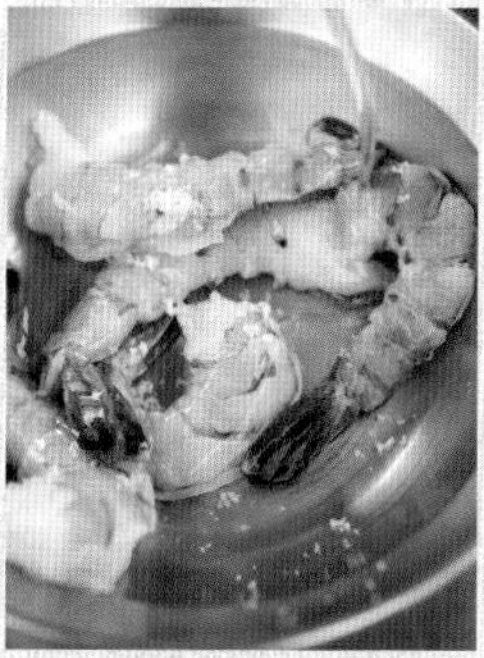

野菜や魚には油をまとわせる

パサつきやすい野菜や焦げつきやすい魚介類は、調理前に油でコーティングしてやるとしっとり焼ける。油の量や火加減によって仕上がりは異なるので、トライ&エラーを繰り返して好みの焼き具合をマスターしよう。

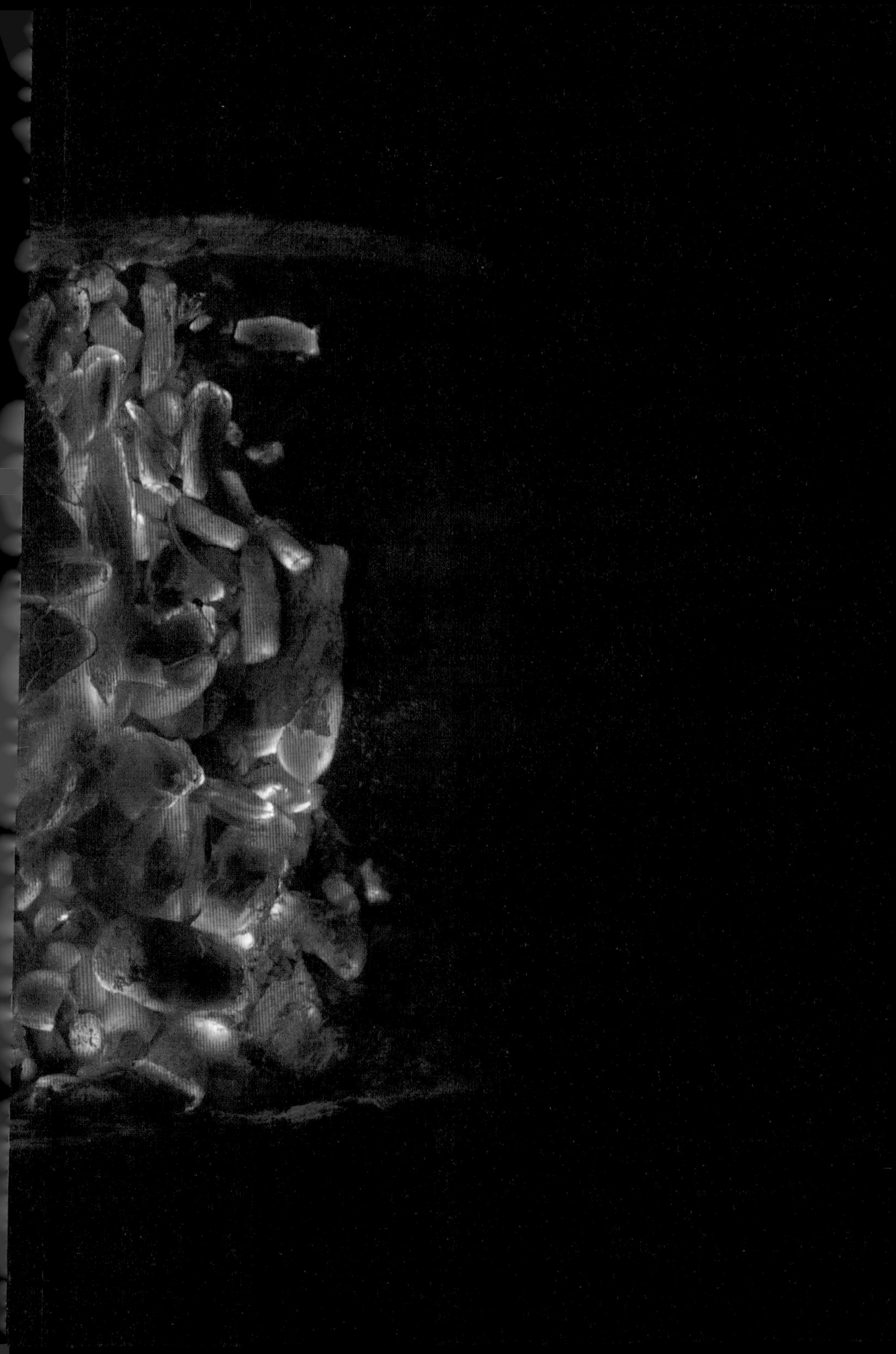